DIÁRIO

DE

UMA PESSOA

NÃO TÃO ANSIOSA

BETH EVANS

DIÁRIO DE UMA PESSOA NÃO TÃO ANSIOSA

DESVENDANDO A VIDA ADULTA

TRADUÇÃO DE JOÃO PEDROSO

3ª edição

— **Galera** —

RIO DE JANEIRO
2025

DESIGN DE CAPA
Yeon Kim

ILUSTRAÇÕES DE CAPA
Beth Evans

ADAPTAÇÃO DE CAPA
Renata Vidal

TÍTULO ORIGINAL
*Hi, Just a Quick Question: Queries, Advice,
and Figuring It All Out*

CIP-BRASIL. CATALOGAÇÃO NA PUBLICAÇÃO
SINDICATO NACIONAL DOS EDITORES DE LIVROS, RJ

E93d

Evans, Beth
Diário de uma pessoa não tão ansiosa : desvendando a vida adulta / Beth Evans ;
tradução João Pedroso. - 3. ed. - Rio de Janeiro : Galera Record, 2025.

Tradução de: Hi, Just a Quick Question: Queries, Advice, and Figuring It All Out
Sequência de: Diário de uma ansiosa ou como parei de me sabotar
ISBN 978-65-5981-184-7

1. Humorismo americano. I. Pedroso, João. II. Título.

22-78297

CDD: 817
CDU: 82-7(73)

Meri Gleice Rodrigues de Souza - Bibliotecária - CRB-7/6439

Copyright © 2020 by Beth Evans

Texto revisado segundo o novo Acordo Ortográfico da Língua Portuguesa.

Direitos exclusivos de publicação em língua portuguesa somente para o Brasil adquiridos pela
EDITORA GALERA RECORD LTDA.
Rua Argentina, 120 – Rio de Janeiro, RJ - 20921-380 - Tel.: (21) 2585-2000,
que se reserva a propriedade literária desta tradução.

Impresso no Brasil

ISBN 978-65-59-81184-7

Seja um leitor preferencial Record.
Cadastre-se e receba informações sobre nossos
lançamentos e nossas promoções.

Atendimento e venda direta ao leitor:
sac@record.com.br

Sumário:

Como lidar com pessoas

Ansiedade social

Mudanças

INTRODUÇÃO

Escrevi este livro durante o que deve ter sido o período mais difícil de toda a minha vida.

Tudo estava indo superbem. Eu havia me mudado para o primeiro apartamento em que ia morar sozinha. Estava bem animada para escrever este livro, empolgada para um monte de shows, eventos, viagens e pela vida em geral. Meus amigos e familiares estavam orgulhosos de mim. Pela primeira vez, senti de verdade que estava com a vida andando nos trilhos. Fiquei tão, mas tão feliz quando segurei as chaves do apartamento!

Acontece que a vida pode até te estender a mão, mas depois pode te pedir o braço. Depois desse período feliz, passei por muitas coisas pesadas em um período de tempo muito curto. A morte de um parente me afetou de um jeito terrível — não porque eu sentia saudades da pessoa, mas porque nossa relação era extraordinariamente complicada e, muitas vezes, horrível. Meus problemas com a comida deram às caras, e cada dia se tornou uma batalha que eu parecia sempre perder. Tudo isso acabou levando a um colapso enquanto eu estava sozinha no apartamento que adorava. Fui tomada pela ideia de que todos que eu amava iriam me deixar. Meu gato morreu. E eu não fazia a menor ideia de como escreveria este livro. Toda vez que me sentava para trabalhar, eu ficava pensando: "Mas eu sou uma hipócrita mesmo. Como é que tenho a *pachorra* de dar conselhos aos outros enquanto minha vida está caindo aos pedaços? Quem é que vai QUERER me ouvir?"

Então, para dar conselhos, segui um conselho muito antigo: escreva o que você sabe. Sei muito sobre tristeza, ansiedade e aquela sensação de querer ser qualquer outra pessoa no mundo além de mim mesma. Sei como é estar desesperada para mudar, mas se sentir um fracasso antes mesmo de tentar. E também sei como é quando a gente se mete naqueles buracos negros emocionais que consomem cada minuto do nosso dia.

Para resumir, muitos desses capítulos eu escrevi para mim mesma. Tentei falar comigo como se eu fosse uma amiga, e espero que você encontre em mim uma grande amizade também. É muito difícil querer se reerguer e nunca conseguir. Só quero que você saiba que estamos juntos nessa, que muita gente se sente perdida, confusa, desanimada, preocupada — e a lista continua... Temos a mania de descrever essas emoções como sentimentos ruins, mas, na verdade, são só sentimentos. E acontece.

Há um outro lado para tudo isso (uma luz no fim do túnel, se me permite dizer). Ainda estou tentando achá-la, e espero que você esteja também. Talvez nem tudo seja só flores, mas acho que há algo de bonito em tentar de verdade e dar o nosso máximo para melhorar as coisas. Espero que eu e você possamos tentar juntas. Pode não ser perfeito, mas eu acredito em você. Espero que você acredite em mim também.

Dia

a

COMO SOBREVIVER À ROTINA DIÁRIA DE TRABALHO/ESTUDO?

Que tudo!

HOJE

Nada de especial

A vida se torna
tão frustrante
quando vira rotina!

Parece que nunca
estou fazendo
o suficiente.

Uma vozinha
lá no fundo
fica dizendo
"as coisas vão ser
sempre assim,
e você também,
então melhor que
isso não vai ficar".

Queria tanto
me sentir
satisfeita com
as coisas normais
do dia a dia...

Pra mim, é esperar por algo — ou qualquer coisa, na verdade — que me motive a seguir em frente. Gosto de ter planos como cartas na manga.

E esses planos não precisam ser sempre grandiosos, como uma viagem. Às vezes só de saber que vou jogar um pouquinho de Legend of Zelda com minha melhor amiga já me ajuda a superar a maior barra da semana.

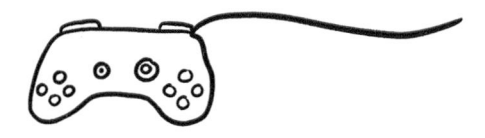

Mirar em pequenas recompensas pode ajudar com aquele incentivo tão necessário para passarmos por qualquer problema. Nem tudo precisa ser só força de vontade. Não tem problema nenhum usar motivações e recompensas. Fazer isso é como investir em você mesmo!

E, falando sério, ninguém precisa ter um "problemão" para passar por uma semana difícil.

Se está difícil, está difícil e pronto.

Quando a rotina quase nunca muda, é muito fácil se sentir empacado. E quando nos sentimos empacados, a ansiedade aparece. Mas está tudo bem: a gente pode tentar quebrar esse ciclo — e ainda assim fazer tudo o que for preciso.

Tente levar um almoço ou café diferente.

O LIVRO DO DRAMA

Planeje uma recompensa para você mesmo quando chegar em casa (livros da biblioteca são os meus favoritos).

Às vezes, comprar novos materiais de escritório pode ajudar, mesmo os baratinhos.

Vista as roupas mais confortáveis que puder, ou então deixe-as preparadinhas para a hora de voltar para casa!

Imprima uma foto que você goste para colocar no planner ou na agenda.

Escreva seus sentimentos num diário. Pode ser superlegal rever esses registros depois!

Tem dias que são ruins e tem dias que são tão sem graça que qualquer coisinha nos deixa tristes. É tipo "nossa, será que vai ser só isso PARA SEMPRE?". Às vezes, pode ser impossível se livrar da sensação de estar preso na rotina.

está tudo tão sem graça. QUE ÓDIO

Tudo parece um suplício! Você fica olhando para o relógio o tempo inteiro! Não tem nada empolgante para depois! E é inverno, ainda por cima! Tudo isso é capaz de tornar o dia a dia insuportável. E essas coisas podem complicar a simples tarefa de viver a vida.

Não tem nada ruim rolando, mas tá tudo tão igual...

Será que estou fazendo algo errado?

E se piorar?

Vai ser sempre assim?

Estagnei, é isso?

Às vezes, o dia parece uma espera infinita, como se nada estivesse acontecendo.

Mas mesmo assim os dias continuam passando.

E tudo bem: cada dia que você vive é 100% incrível!

COMO FAZER ALGO QUE EU NORMALMENTE NÃO FAÇO?

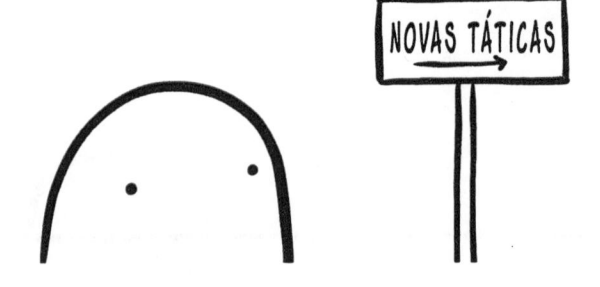

"CONCORDEI EM FAZER ALGO FORA DA MINHA ZONA DE CONFORTO"

BINGO

Por que diabos eu concordei com isso?	(dá aquela olhadinha no celular)	você e o relógio viram besties	grupo com os amigos no whatsapp	Ai, tomara que tenha um doguinho lá
Passar o dia inteiro se arrependendo	É EM UM BAR?	Fingir interesses	Mas eu nem sei fazer isso	Se eu for embora agora, dá pra chegar em casa às...
Bombardear os amigos com mensagens	Planejar o look inteiro	ÁREA ataque de pânico LIVRE	É à noite ☆ ☾ ☆	(checa as redes sociais) (fecha todos os apps) (abre tudo de novo)
QUERO IR EMBORA!	Tem que comprar ingresso	Preciso ver como ir e voltar	Passar a semana inteira preocupada com o preço	Ser o acompanhante de alguém
Será que todo mundo se conhece, menos eu?	Talvez se eu rir ninguém vai perceber que estou um caco	Ficar no cantinho com um drinque o tempo inteiro	Listar mentalmente tudo que eu poderia estar fazendo em vez disso	AAAAAA AAAAAAA AAAAAAA AAAAAAA (só por dentro)

Adoro ficar toda empolgada e fazer planos, aí mudar de ideia dois segundos depois e então passar semanas angustiada sem saber o que fazer. Não, pensando bem... eu odeio isso com todas as minhas forças!

Ah, não!

HOJE
aquela
coisa!

Mas olha só: todo mundo acaba se comprometendo demais e depois fica o evento inteiro querendo estar fazendo outra coisa. Mas aí, no outro dia, a gente fala para todo mundo que foi O MELHOR. EVENTO. DA VIDA.

– Nossa, foi tããããão bom!

– Não, não fiquei.

– Ué, mas você não ficou chorando em um canto a noite inteira?

– Ficou sim, eu estava lá...

A verdade é que muitas vezes a gente se sente coagido a dizer sim e ir a todos os eventos. Para mim, tantos anos sofrendo bullying e sem ter amigos fizeram eu me sentir OBRIGADA a estar sempre presente, se não todo mundo vai me odiar e parar de falar comigo.

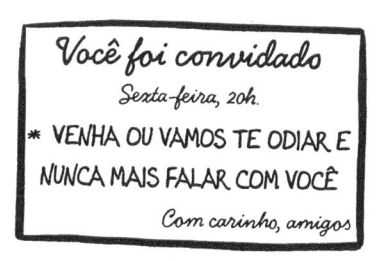

Você foi convidado
Sexta-feira, 20h.
* VENHA OU VAMOS TE ODIAR E NUNCA MAIS FALAR COM VOCÊ
Com carinho, amigos

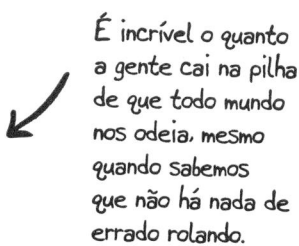

É incrível o quanto a gente cai na pilha de que todo mundo nos odeia, mesmo quando sabemos que não há nada de errado rolando.

Às vezes, precisamos escolher onde vale a pena investir nosso esforço contra esse sentimento de querer cancelar um compromisso. É uma boa ir nas coisas mais importantes, como o aniversário de um amigo. Mas não precisa ir a todo bar e balada nas noites de sexta. Você é importante também!

Se você sabe que determinado evento vai ser demais para você, tudo bem recusar!

PLANOS:
- encontrar o pessoal
- bar
- festa
RELAXAR!

COMPROMETIMENTO COM AS COISAS

um contrato comigo mesma

1. Eu vou se for superimportante.
2. Dou permissão a mim mesma para negar o convite se eu souber que vou ficar mal o tempo inteiro.
3. Caso eu vá em algum lugar que me deixe mal, não vou deixar todo mundo mal também.
4. Não vou fazer coisas que saiam muito da minha zona de conforto (tipo beber, por exemplo), mas vou explorar atividades saudáveis, como conversar com alguém novo.
5. Vou encontrar outras formas de experimentar coisas novas que não me provoquem tanta ansiedade.
6. Serei gentil comigo mesma se eu sentir que a tentativa não deu muito certo.

Beleza, é isso aí! Arrasou!

_____
Seu nome

_____
Não posso servir de testemunha
(já que nem sou uma pessoa,
mas achei bonitinho isso aqui)

F E S T A
muito doida de arromba

Nem todo evento vai ser a sua praia (inclusive, uma prainha bem sossegada não seria nada mal, né?)

Está tudo bem, você está bem, e vai (por misericórdia) passar rápido.

COMO LIDAR COM DIAS RUINS?

Dias ruins são um saco. Na melhor das hipóteses, eles são inconvenientes e na pior, parecem não ter fim e que nada nunca vai ficar bem.

Se sentir assim é U0 ➜

Normalmente, os dias ruins dão as caras quando a gente já não está lá muito legal. São o empurrãozinho que (não) faltava. E, às vezes, quando ficamos assim, esse sentimento se estende até os outros.

É um dia daqueles, né?  É...

Pois é, ninguém gosta. Então a gente cai nessa pilha de que "amanhã vai ser melhor" e isso começa a nos pressionar! Podemos sobreviver a um dia ruim — não é divertido, mas tem como ser um pouquinho menos doloroso.

O QUE PODERIA MELHORAR AS COISAS?

Às vezes, identificar uma coisinha que poderia consertar a situação ou, pelo menos, facilitá-la, nos ajuda a priorizar exatamente o que precisa ser feito ou nos dá uma ideia mais eficaz do que fazer.

Se nenhuma ideia aparecer ou se o que deu errado não tiver conserto, é hora de pensar:

O QUE PODERIA FAZER EU ME SENTIR MELHOR?

Você é importante também! Aguentar firme é trabalhoso, mas o esforço vale o investimento. Descubra o que você precisa para conseguir superar o dia.

Você é importante, sim.
Eu juro!

O QUE PODE DAR UM UP NO SEU DIA

 Mandar uma mensagem para alguém que você goste

 Assistir a um vídeo do seu artista ou músico favorito

MEIAS FOFINHAS →

 Uma boa caneca de chá

Bichinhos de pelúcia

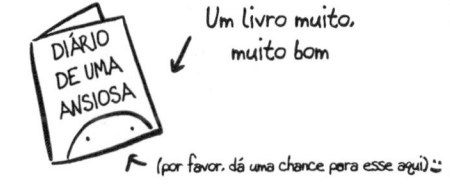 Um livro muito, muito bom

DIÁRIO DE UMA ANSIOSA

(por favor, dá uma chance para esse aqui)

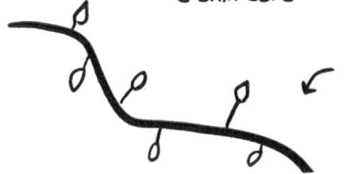 Máscaras faciais e skin care

Bons amigos ♥

Pisca-pisca ou luzes de LED

NA DÚVIDA?

Tire um cochilo!

Não tem problema (na verdade, é até saudável) querer ativar o modo avião. Você vai se sentir melhor.

– Às vezes,
simplesmente existir
já é difícil.

– Coisas que parecem
"simples" podem ser
muito difíceis.

– Tudo bem reconhecer
isso e perceber
que não tá fácil
(porque não tá fácil
pra ninguém).

– Você está passando
por poucas e boas,
mas uma hora o jogo vira
(espero que seja logo).

COMO TER
UM DIA BOM?

Nossa, hoje o dia
foi tão bom!
Acho que deu tudo certo!

Então... Quando é que eu vou
voltar a me sentir mal de novo?
Ai, acho que todo mundo
me odeia e...

Construir um dia bom tira muito peso daquela pressão que sentimos de ter um "dia perfeito", e também nos ajuda a criar expectativas mais realistas e alcançáveis. Embora dias bons possam ser planejados, eles também acontecem espontaneamente, o que é uma mão na roda para sabermos como conquistá-los.

Saiba que eles podem vir do nada (nem sempre dá para programá-los).

Acho que nem sempre é necessário estar com pensamentos superpositivos para que eles aconteçam. Alguns dos meus dias favoritos começaram lá no fundo do poço, mas acabaram dando uma virada fenomenal — o que é incrível. É mais importante estar aberto à possibilidade de que as coisas podem ir bem do que forçar uma positividade infinita.

O QUE FAZ UM DIA SER BOM PARA VOCÊ?

- É estar cercado de gente...

- ou ficar sozinho?

- É fazer coisas ao ar livre...

- ou ficar em casa e relaxar?

- É fazer muita coisa...

- ou não fazer nada?

Não há um jeito certo ou errado de se ter um dia bom. Mas pensar no que gostaria de fazer no tempo livre ajuda a cria-lo sob medida para você. Dá até para fazer um rascunho de como o dia pode ser!

Não tenha medo de embarcar em acontecimentos inesperados!

Apenas esteja aberto para a possibilidade de um dia bom. Não precisa ser uma sucessão interminável de raios de sol e também não é necessário que tudo seja 100% incrível. Mas pensar "estou fazendo algo de que gosto e talvez eu consiga aproveitar" pode ajudar a moldar esse dia, e te deixa mais aberto a outras coisas boas acontecendo ao seu redor.

Você vai arrasar hoje!

Valeu! Você também!

Certamente há uma preocupação de que, se o dia foi bom, nunca mais haverá outro. E, daí em diante, tudo vira uma agonia e não dá outra: você vai ficar mal de novo.

Mas o bom de ter dias assim é lembrar de como foram bons, porque eles te ajudarão a superar os dias ruins — e também te lembrarão de que há mais por vir.

COMO LIDAR COM AS FESTAS DE FIM DE ANO QUANDO A ÚLTIMA COISA QUE QUERO É COMEMORAR?

É fim de ano! Tempo de comemorar, se animar, celebrar e ser **FELIZ!**

Duvido que alguém não fique feliz nessa época do ano.

– Bom, eu...

– O QUÊ? COMO? POR QUÊ?

É só se animar e **ENTRAR NO CLIMA!** Você pelo menos está tentando? Por favooooooor, o que é que custa comemorar com a gente?

– Ah, pronto.

– COMO É POSSÍVEL QUE VOCÊ **NÃO ESTEJA ANIMADO?!?**

– Olha, acho que um dos motivos pode ser...

Às vezes, no fim de ano ou em outras comemorações, todo mundo espera que a gente esteja **FELIZ DA VIDA!** e **CELEBRANDO HORRORES!**,

o que é superdifícil para quem está passando por um momento difícil.

Essas expectativas podem ser péssimas.

- Será que não dá pra você entrar no espírito natalino?

- Pois é
é só ficar feliz.

- QUANTA PRESSÃO.

Se obrigar a ficar feliz é simplesmente impossível, e ponto final. E está tudo bem. Às vezes, é mais saudável lidar com os sentimentos ruins do que ficar comemorando. Se forçar a ficar feliz só nos deixa pior ainda. Então tudo bem ficar triste!

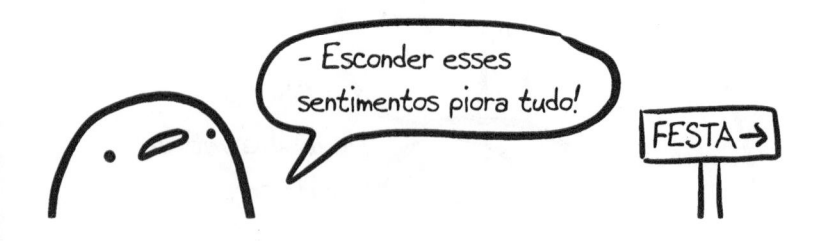

- Esconder esses sentimentos piora tudo!

FESTA →

Por mais que você não se importe em comemorar ou não essas datas, nem todo mundo vai entender.

- SE ENVOLVE NAS COISAS

- VAMOS COMEMORAR! POR QUE FICAR TRISTE?

- VAMOS LÁ! É FIM DE ANO! ANIMA!

- yay!

Explicar que o momento não é dos melhores não adianta nada. Algumas pessoas vivem nessa fantasia de que qualquer data especial é perfeita. Mas isso é coisa deles, não sua. Seja gentil consigo mesmo quando estiver envolto em tanta felicidade forçada.

-Você tá indo bem.

GUIA DE SOBREVIVÊNCIA PARA AS FESTAS DE FIM DE ANO

Dicas rápidas para momentos difíceis

As pessoas provavelmente vão fazer perguntas sobre a sua vida. Tenha algumas respostas prontas na ponta da língua.

Não tem problema nenhum se não forem as mais interessantes e chocantes do mundo!

— Chega de falar de mim como é que VOCÊ tá?

Desvie de perguntas pessoais perguntando como os outros estão. Fazer isso demonstra interesse na vida deles e permite que outra pessoa assuma a conversa.

É bem comum que as pessoas queiram uma explicação gigantesca do porquê de você não estar superfeliz. Não precisa explicar tim-tim por tim-tim. Tem gente que não vai entender, então tenta falar de vez em quando com quem vai te entender (mesmo que seja por mensagem).

— Não tá fácil sabe? Mas eu tô tentando. Obrigado por se preocupar.

— Mas...

Ceda um pouco. Você não precisa amar de paixão, mas sorrir para a foto de alguém ou experimentar a comida de algum parente pode deixá-los muito felizes. Atitudes singelas faz com que as pessoas entendam que você está tentando, mesmo que as coisas estejam difíceis.

— Saia para dar uma respirada ao ar livre. Você talvez se surpreenda quando alguém quiser ir junto. Fazer essas pausas é saudável!

Fim de ano é só isso:
o fim de um ciclo.

Vai haver muito mais dias para
você se sentir
feliz.

E quando estiver pronto, esses dias serão
exatamente como você quiser.

COMO TER UMA BOA NOITE DE SONO?

UMA TÍPICA NOITE DE SONO

(para quem não consegue pregar o olho)

23:00

— Beleza, hora de dormir.

1:00

— Acho que tô pegando no sono.

3:00

— Por que estou acordado? POR QUEEEEÊ?

3:42

— Desistir e procurar coisas aleatórias no Google.

5:00

— Acho que estou pegando no sono de novo...

7:00

— Acordei, só que não.

DORMIR É PARA OS FRACOS

... pelo menos é isso que digo a mim mesma quando levanto de manhã depois de ficar a noite inteira revirando de um lado para o outro. Aí vai um spoiler: eu não durmo!

- Olá, cafeína...
- Minha parceira...
- Minha best...

Eu fico muito abismada que algumas pessoas consigam simplesmente deitar e dormir em vez de ficar acordadas remoendo cada detalhezinho da vida.

- Nossa, eu dormi que nem um bebê na noite passada.

- Eu também. Acordei gritando umas cinco vezes.

O sono é para ser restaurador e nós supostamente deveríamos acordar renovados e prontos para o dia, mas para mim, isso aí é tudo mentira!

COMO CONSEGUIR DORMIR

– Faça xixi antes de deitar. Apenas faça, vai por mim.

– Deixe o celular do outro lado do quarto (bônus: quem precisa de despertador para acordar vai ter mais um motivo para levantar).

– Nada de relógios na mesinha de cabeceira: eles só servem para nos deixar obcecados por eles.

– Música suave, o ruído do ventilador ou algum som à sua escolha podem ser bem relaxantes e ainda ajudam a abafar outros barulhos.

– Cortinas blackout dão a ideia de que é de noite e que é hora de dormir.

– Pense no clima e na temperatura do ambiente e se prepare de acordo, com a roupa de cama correta.

– Roupas confortáveis!

– Se você tem bruxismo, use o protetor noturno. Seus dentes vão agradecer (ou ranger menos durante o dia).

– Não se exija tanto. Sono nem sempre é fácil!

quando o sono não vem

Quando a gente acorda e não consegue voltar a dormir de jeito nenhum, pode parecer tentador ficar ali deitado e forçar o sono.

Mas, sendo bem sincera, levantar e fazer alguma coisa — qualquer coisa — vai ajudar a deixar a situação menos terrível. Eu normalmente levanto e faço coisas chatas, como pagar contas ou dar uma organizada na casa. Isso proporciona uma chance de sermos produtivos, e o corpo vai acabar te avisando quando a canseira chegar.

Além do mais, ainda nos salva de passar horas lá na cama pensando em como estamos só deitados na cama.

\- Calma!
Por que você não relaxa
e tira um cochilo? — Ah, claro.

Porque passar horas deitado

com esse cérebro ansioso que eu

tenho é **MUITO RELAXANTE.**

COMO PARAR DE PROCRASTINAR?

CICLO DO PROCRASTINADOR

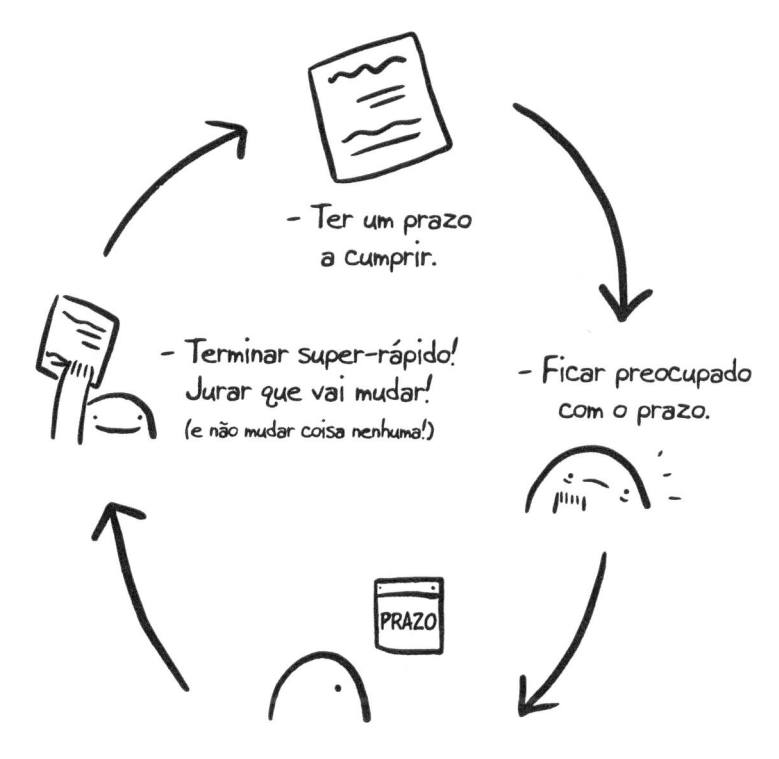

- Ter um prazo a cumprir.

- Ficar preocupado com o prazo.

- Se preocupar tanto a ponto de desperdiçar tempo.

- Terminar super-rápido! Jurar que vai mudar! (e não mudar coisa nenhuma!)

PRAZO

Sou aquele tipo de pessoa que vai empurrando as coisas com a barriga até o último minuto, faz tudo com pressa e ainda diz que é meu "estilo de trabalho". Além disso, também não faço esforço nenhum para mudar, mesmo que eu saiba que seria para o meu bem.

prazo final

- O tempo inteiro me questionando sobre a qualidade do meu trabalho

- Acabando com a vida da bateria do tablet por excesso de uso

- Um monte de notas bagunçadas

Protelar as tarefas traz um alívio temporário, mas deixa tudo muito mais difícil a longo prazo. E aí, parece impossível quebrar esse ciclo. A gente fica tipo "bom, eu sempre fui assim e sobrevivi, acho que vou continuar!". Só que depois passamos noites inteiras acordados e com o pavor sempre nos consumindo.

- Tá tudo... BEM!

QUEBRE ESSE CICLO

Priorize o que precisa ser feito e quanto tempo você tem. Isso deve te fornecer uma ideia de quantos dias serão necessários e do quanto pode ser feito a cada dia. Não precisa bater todas as metas, mas ter uma semana organizadinha pode ajudar a aliviar o estresse.

Use seus pontos fortes! Fazer aquilo em que você sabe que é bom facilita um pouco as coisas mais difíceis, porque você já vai estar animado com o trabalho que sabe que conseguirá terminar. Ninguém quer sentar com um fardo terrível nas costas, mas assim talvez fique um tiquinho mais fácil. Um passinho de cada vez, e a gente chega lá!

Divida os afazeres. Dê uma volta ou resolva alguma pendência da casa. Ver TV ou ler um livro pode acabar sendo distração demais. Salve essas atividades como recompensa para o fim do dia. Dar a si mesmo um tempinho para aliviar a cabeça pode ajudar até quando ficamos travados e não conseguimos achar solução para algum problema do trabalho.

Fale com mais alguém do projeto! Faça perguntas, tire todas as dúvidas e se estresse um pouco menos. Conversar com gente de fora também é bom, porque aí você terá uma perspectiva diferente e novos conselhos. E o mais importante é que você não vai se sentir isolado enquanto resolve tudo.

Dê a si mesmo uma luz no fim do túnel por conseguir terminar tudo.

Às vezes, temos que nos dar um mimo ou outro para manter nossa sanidade. Talvez tenha um filme estreando ou uma loja que você queira visitar. No meu caso, quando eu entregar esse livro, vou jogar Pokémon Sword and Shield (vou começar com o Sobble!).

É MESMO PROCRASTINAÇÃO OU SERÁ QUE HÁ ALGO A MAIS?

Não tem problema se você estiver passando por maus bocados para conseguir concluir as coisas porque se sente péssimo, triste e 100% incapaz de concluí-las. Mas tente conversar com alguém a respeito. Talvez você esteja passando por um momento mais complicado do que parece.

Ninguém muda da noite para o dia, e está tudo bem.

Um pouquinho de cada vez já é incrível!

(Tente entregar o trabalho dentro do prazo!)

Prazo iminente

COMO CONTINUAR MOTIVADO NA VIDA EM GERAL?

Vida!

- a gente é pequeno

- aí cresce

- vai para a escola

- vira adulto de repente

- faz novas amizades

- aí a gente resolve as coisas fazendo postagens misteriosas nas redes sociais

- elas não duram nada

- e passa o tempo inteiro pensando no que fazer até o fim dos tempos!

Motivação

Mesmo quando as coisas parecem estar indo bem, ser uma pessoa é difícil! E tentar manter o ritmo de um ser humano funcional é muito, muito difícil!

Parece que preciso dar atenção a tudo isso!

Perder a motivação é a pior coisa do mundo porque não nos sentimos investidos emocionalmente ou conectados com nada. E ainda tem aquela sensação de fracasso por não tentar mais. Você com certeza não é um fracasso, mas pode estar sofrendo um *burnout*.

Burnouts podem acontecer com qualquer um — e não apenas na nossa vida profissional.

Não é que você não se importe. Muito pelo contrário: você se importa tanto que o trabalho começou a competir por atenção contra, bom, todo o resto da sua vida.

esgotado

Mesmo sem perceber, todos nós já tentamos resolver coisas demais ao mesmo tempo. Tentar carregar o mundo inteiro nas costas pode fazer com que a gente fique menos empolgado para viver nele e aproveitar a vida.

Não me sinto capaz de ser feliz

Eu vou dar conta...

Dar um passo para trás não é o fim do mundo. Priorizar o que precisa ser feito pode também nos dar um pouco de tempo. Não é sinônimo de fraqueza e inclusive é saudável.

Dê um intervalinho a si mesmo — e também um tempo para voltar a se sentir empolgado. Você vai ter mais energia para continuar seguindo em frente. Seja gentil com você!

como se manter motivado

Tente refletir sobre por que você gosta de fazer certas coisas. Será que é por causa das pessoas? Será que é autossatisfação? O que realmente te faz querer tempo para se envolver nas atividades? Não tem problema se a resposta for dinheiro — todo mundo precisa viver. Mas se há algo mais que te mantém tocando o barco, pode ser bom pensar nisso de vez em quando.

Todo mundo tem que fazer coisas que não quer. Por exemplo, agora estou tentando ser criativa mesmo tendo que cumprir um prazo, mas tudo o que eu queria era ficar assistindo a vídeos de tamanduás **(EU SIMPLESMENTE AMO TUDO A RESPEITO DELES!!!)**. Às vezes, organizar pequenas recompensas como "vou poder ver um belo conteúdo sobre tamanduás só quando eu terminar esse capítulo" pode ajudar a criar metas divertidas. É como um prêmio imediato!

YAY! EU CONSEGUI!!!

VAMOS LÁ!
1. TRABALHAR
2. TAREFAS DE CASA
3. OUTRAS COISAS, SEI LÁ

Dividir tudo o que precisa ser feito pode ajudar a priorizar e organizar as tarefas mais chatinhas e deixá-las um pouquinho mais fáceis.

COMO DEFINIR PRIORIDADES

Sempre que eu passava por um período tenebroso em que a sensação era de que eu não conseguiria fazer, tipo, nada, meu pai mandava eu criar uma lista do que precisava ser feito para que minha cabeça não parasse de funcionar de vez. Vamos fazer uma!

① VOCÊ Sim, você mesmo! Não esqueça de tomar banho e cuidar da higiene. Parece simples, mas pode se tornar muito difícil. Já é um grande passo! Se dê espaço para sentir as coisas, mas também não deixe de se cuidar.

② MÃO NA MASSA
(OU EM ALGUMA OUTRA COISA) Essa aqui é para coisas tipo escola ou trabalho, que possuem prazos, ou outros compromissos. Continuar cuidando desses afazeres nos ajuda a manter o foco e a permanecer envolvidos.

③ VIDA SOCIAL Mesmo que seja difícil, tente ver gente. Se fechar para o mundo é fácil. Já permitir que outras pessoas te ajudem a voltar a ver a luz do dia é difícil, mas vale a pena.

- Você está na minha lista.

- Você está na minha também.

Como lidar

com
pessoas

COMO LIDAR COM PESSOAS DIFÍCEIS?

- Tristeza

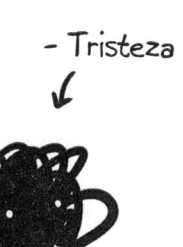

 - eh

- Medo e angústia

 - meh

- Aquela pessoa que
consegue te tirar do sério

 - AHHHHH!

Por mais que a gente finja que se dá bem com todo mundo, tem sempre aquela criatura com quem o santo simplesmente **NÃO BATE.** Acontece, e não só com você.

- O sabe-tudo

- O maldoso

- Aquele cara de quem a gente nunca sabe o que esperar

Há pessoas difíceis em todas as esferas da vida. Talvez sejam estranhos aleatórios, um colega de sala ou um parceiro de trabalho, ou quem sabe até alguém da nossa família. E pode não ser nada fácil, ainda mais se estivermos tentando de verdade nos conectar com eles. A gente acaba se sentindo como se tivéssemos feito algo errado. Tudo bem não ser o melhor amigo de todo mundo no planeta.

- A pessoa mais difícil de **TODAS**

- Humm... Então o que eu faço com aquelas pulseirinhas de melhores amigos para sempre?

POR QUE AS PESSOAS SÃO DIFÍCEIS

- Atenção

Tem gente que simplesmente ama ser percebida. Seja para o bem ou para o mal, ter alguém gastando tempo para se envolver com elas é essencial. Há sempre muito drama com esse tipo de pessoa.

- Crueldade

Por outro lado, tem gente que é maldosa simplesmente porque pode ser assim. Elas se realizam quando fazem os outros se sentir ou ficar mal. E, claro, elas podem até ter os próprios problemas, mas isso não é desculpa para tanta crueldade. O problema é que elas nunca desistem, e isso é frustrante demais.

Falta de noção

Por fim às vezes as pessoas não fazem a menor ideia do que está rolando, o que transforma tudo ao redor delas no mais puro caos. Pode ser que elas não percebam o quanto suas palavras ou atitudes impactam os outros — mas com certeza impactam.

E COMO LIDAR COM ELAS?

- ignorar

De vez em quando, só fingir que se importa com o dramalhão e ficar viajando enquanto elas falam pode ser uma boa. Talvez pareça que isso é deixá-las levar a melhor, mas, no fim das contas, manter a nossa sanidade é uma vitória também. Tente manter a chatice delas fora do tempo que você reserva para si mesmo, senão elas podem acabar te consumindo!

- remover

Embora haja pessoas difíceis de quem não dá para nos separarmos por completo, se esforçar para minimizar nosso tempo e interações com elas pode ser uma opção saudável. E, caso não dê para se retirar fisicamente dessas situações, tente se afastar emocionalmente pelo menos. Assim pode ficar mais fácil lidar com esses momentos.

- um puxão de orelha

Se elas não tiverem noção nenhuma de como afetam os outros, mande a real! Pode ser que dê certo, ou não, mas tente mostrar que se importa e deixar claro como os outros sofrem com essas atitudes. Seja gentil, entretanto.

As pessoas podem ser difíceis.

Nós podemos ser difíceis.

Aprenda o que puder com elas e consigo mesmo, e seja a pessoa menos irritante do mundo!

COMO LIDAR COM QUEM NÃO RESPEITA LIMITES PESSOAIS?

VOCÊ JÁ VIVEU ESSES PESADELOS

— Amo abraços!
Ninguém vai escapar de mim!

— Vou fazer
um montão de perguntas
superpessoais e invasivas!

— Primeiro eu encosto em você
e só depois pergunto se
tem algum problema.

— Vou usar as redes sociais
de um jeito tão errado que
vai fazer você querer sair
de todas elas!

A NOITE DOS SEM-NOÇÃO!

A impressão que eu tenho é a de que às vezes sentimos que precisamos de desculpas para não querer alguém indo longe demais com a gente.

- Hum... não posso abraçar.
É que eu estou
doente, sabe?

Você nunca deve se sentir culpado por ficar desconfortável quando alguém ultrapassa os limites! É com esses limites que você se sente em paz. E, infelizmente, nem todo mundo percebe ou respeita até ter ido longe demais. E aí fica tudo muito esquisito porque você se sente mal, não importa o que acabe falando.

- perto demais
- perto demais
- **PERTO DEMAIS!**

Você tem o direito de ditar o que te deixa confortável sem ficar constrangido por isso.

Acontece que descobrir como definir esses limites pode ser complicado. Às vezes, a gente nem tem lá muita certeza do que precisa ou do que seria útil para nós. Acho que separar entre limites físicos e emocionais pode ajudar:

- FÍSICO

* Como quero que as pessoas interajam fisicamente comigo?

* Como me sinto quando me tocam?

* Que partes do meu corpo não me deixam desconfortável quando são tocadas?

- EMOCIONAL

* O quanto quero que as pessoas saibam sobre mim?

* Que perguntas não vejo problema em responder?

* O que parece me deixar desconfortável no que diz respeito a compartilhar coisas da minha vida ou comentários que fazem sobre mim?

FÍSICO

Você tem que ser muito específico, mesmo que acabe se sentindo um babaca. Mas não precisa se estressar por causa disso, viu? Se manifestar a respeito pode ser bem libertador. Aproveite cada oportunidade!

- Foi mal mas é que eu prefiro não abraçar. Valeu!

* Não termine com uma frase do tipo "isso se não tiver problema" porque as pessoas **VÃO** querer dizer que tem problema, sim.

EMOCIONAL

Aqui é um pouco complicado, porque os outros nem sempre percebem como palavras nos afetam. Mais uma vez, ser aberto e falar coisas como: "não fico confortável de falar desse assunto" pode ajudar. Mas, agora, se as pessoas não aceitarem isso como motivo, tente mostrar como as palavras delas fazem você se sentir. Por exemplo: "fico desconfortável quando você me pergunta essas coisas".

Claro que tem gente que vai continuar insistindo, mas aí temos que tentar limitar nosso tempo com elas. Tudo bem se colocar em primeiro lugar.

- prefiro não falar disso.

Tudo bem decidir o que
te deixa confortável
e viver de acordo

 com isso.

Algumas pessoas podem ter seus
próprios limites, mas foque nos que
importam — e nas pessoas que
entendem, respeitam e aceitam tanto
você quanto seus limites.

COMO REAGIR QUANDO BRIGO COM ALGUÉM?

- Argumento   - Contra-   - Sem reação   - Ódio
               -argumento

- Irritação

              - Decepção   - Frustração
                              - Tristeza

- Arrependimento

              - Choque   - Raiva   - Raiva

- Indignação   - *Mais* indignação

Para mim, uma das piores sensações do mundo é brigar com alguém. Seja com um estranho ou com um amigo, eu simplesmente **ODEIO** brigar. Evito o confronto, custe o que custar. Brigas fazem com que eu queira admitir a derrota só para manter a paz.

- Pessoas com raiva

- Eu odiando a situação

Eu me rendo! Por favor, NÃO ME ODEIE!

Quer a gente goste ou não, conflitos fazem parte da vida. Podemos ficar só de implicância com os outros ou podemos até mesmo acabar no soco com eles. Até quem odeia confrontos, como eu, já deve ter passado por uma boa quantidade de discussões que pareceram não ter fim.

Odeio ser arrastada para o meio de alguma confusão, e não gosto nadinha de sentir raiva — é um sentimento complicado com o qual não sei lidar muito bem. E tudo bem não saber também.

Participante ☆ Relutante

Mas, de vez em quando, discussões precisam acontecer. Essas brigas podem acabar trazendo benefícios, como finalmente abordar um problema delicado em um relacionamento ou defender algo em que realmente acreditamos. Discutir é um saco, mas dá para transformar esses momentos em algo valioso. Dessa forma, não vai parecer tanto uma perda de tempo.

- Ah, então você quer aprender algo com isso, é? E o que foi que você aprendeu?

- Que eu preciso de novos amigos.

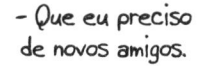

Com toda a certeza, tente fazer as pazes se a relação em questão for importante para você. (Mas por favor, saiba avaliar se esse relacionamento é saudável ou não!) É difícil admitir quando temos culpa e revisitar o que aconteceu. Mas, na maioria das vezes, discussões são sempre bobas e mesquinhas.

- Ah, cara, que horrível. Vamos combinar de nunca mais fazer isso.

- SIM, por favor!

DISCUSSÕES ON-LINE

Que ódiooooo!

Há muitas discussões na internet e, mesmo que não seja cara a cara, se envolver com essas coisas, ou simplesmente assistir, pode ser um gatilho para a ansiedade.

É fácil dizer "ah, é só desligar/ não se meter", mas fazer isso já são outros quinhentos.

Eu não discuto com pessoas que tentam começar brigas comigo. Em parte, é porque não as conheço, e também porque não vale a pena — elas estão só precisando descarregar, ou qualquer coisa assim. Mas o principal motivo é que discutir na internet me deixa tão ansiosa que não consigo focar em mais nada. De verdade, você não precisa dar corda para ninguém, se isso for te tirar do prumo.

Tudo bem se afastar.

Discutir com alguém quando só se pode escrever um determinado número de caracteres não é lá muito divertido. Então, se isso for te deixar mal não discuta. Lembre-se que perfis privados existem por um motivo. Não tenha medo de usá-los.

PERFIL PRIVADO

Brigas podem até
durar um tempinho,

mas amizades podem
durar para sempre.

Brigue pelo que importa.

COMO DEIXAR AS PESSOAS ME AJUDAREM?

– Estou aqui se você precisar de alguma coisa. Tipo, qualquer coisa. Pode contar comigo.

– Tá bom.
Então, é que...

– Ah,
que coisa, né!?

– POIS É!

Há várias razões para essa mania que temos de não deixar os outros nos ajudar quando estamos passando por uma fase difícil:

- Talvez tenhamos medo de que as pessoas não entendam nossos problemas.

- Pode ser que a gente fique preocupado porque já pedimos ajuda no passado e acabou não dando certo.

- Quem sabe a gente seja o tipo de pessoa que quer fazer tudo sozinha, e acha que deve resolver os problemas sem a ajuda de ninguém.

- Ou então pode ser que só tenhamos medo porque não sabemos verbalizar o que tá rolando.

Se comunicar é complicado. Agora, se comunicar sobre questões de saúde mental é **DIFÍCIL**, pois requer que fiquemos extremamente vulneráveis, e nem sempre dá para saber como os outros vão reagir.

- Você está bem?

- Eu... hum... acho que tô?

(mentir vai ser muito tentador)

Algo que tira um pouco do peso dos nossos ombros é saber que tanto você quanto a pessoa que te ouvirá vai falhar em algum momento. Pois é eu sei! Mas saber que nem toda interação vai ser um completo êxtase terapêutico ajuda a manter nosso pé mais no chão.

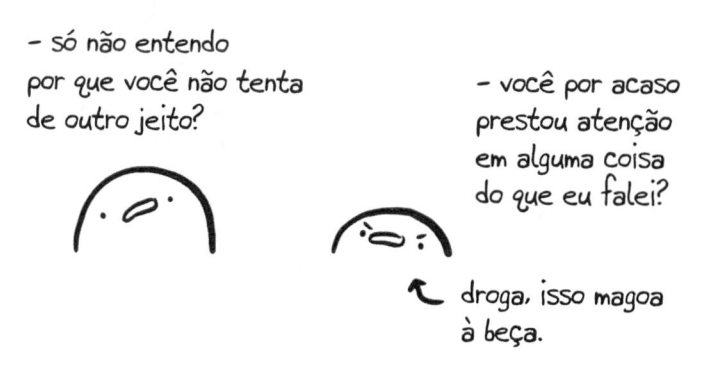

- só não entendo por que você não tenta de outro jeito?

- você por acaso prestou atenção em alguma coisa do que eu falei?

droga, isso magoa à beça.

ALGUMAS COISAS PARA MANTER EM MENTE:

Não faz diferença se a pessoa é um médico ou sua mãe. Todo mundo tem a capacidade de tanto nos ajudar quanto nos machucar muito. Ninguém é perfeito, mas, no fim das contas, pessoas são só pessoas, ora.

Às vezes temos que treinar os outros com o que funciona ou não.

Não é fácil!

Mas não deixe de falar: diga como está se sentindo — o que é bem assustador, vamos combinar — e seja honesto. Isso vai ser muito benéfico na comunicação, e ainda mais benéfico quanto a sermos compreendidos.

– Isso não me ajuda em nada porque...

É muito fácil agir como se estivesse tudo bem. Mas é extremamente importante abrir uma brechinha para as pessoas sempre que possível. Ninguém deveria ter que enfrentar sozinho uma barra pesada, e decidir conversar com alguém é um ato de muita coragem. Deixe as pessoas te ajudarem. Deixe que entrem no seu mundo. Vai ser imperfeito, uma zona e até meio agonizante...

... mas também é muito libertador.

deixe as pessoas te ajudarem

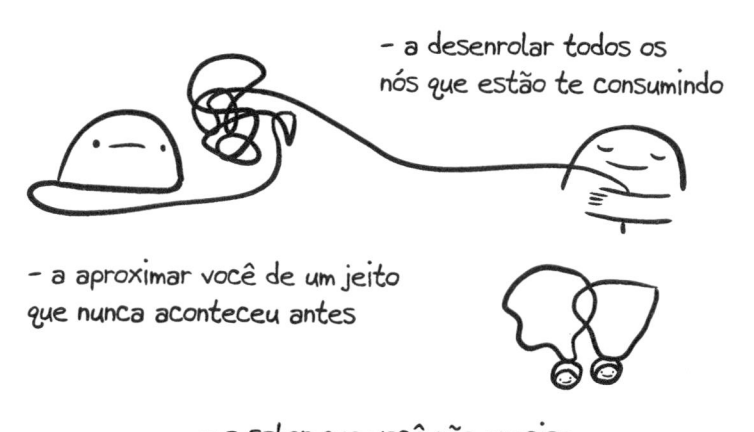

- a desenrolar todos os nós que estão te consumindo

- a aproximar você de um jeito que nunca aconteceu antes

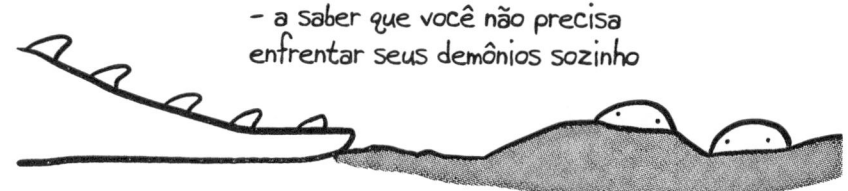

- a saber que você não precisa enfrentar seus demônios sozinho

- a saber que há alguém que realmente se importa. Isso é tão, mas tão poderoso! E talvez a ferramenta mais importante do nosso processo de melhora!

COMO AJUDAR ALGUÉM QUE ESTÁ PASSANDO POR UM PERÍODO DIFÍCIL?

Se você passou por poucas e boas, e talvez até chegou a compartilhar como estava se sentindo, pode ser que as pessoas te procurem se também não estiverem muito bem.

- Oi, será que a gente pode conversar?

- Ai, meu Deus, o que eu faço agora?

Embora seja ótimo saber que as pessoas confiam na gente, é possível que acabemos sendo pegos desprevenidos, não tenhamos certeza do que fazer e talvez até fiquemos meio assustados pensando em como ajudá-los.

- eu sou uma pessoa!

- não um médico!

- e se o meu conselho for um **LIXO?!?**

Acho que às vezes é meio assustador porque, na nossa cabeça, a situação parece ser assim:

– ME DÁ UM CONSELHO PARA O MEU PROBLEMA SUPERCOMPLEXO

Quando na maioria das vezes é assim:

– Oi, será que posso me abrir sem medo de ser julgado?

Algo que me ajuda a lidar melhor com a situação é tentar lembrar do que achei **INÚTIL** durante a minha fase difícil e, então, fazer exatamente o contrário.

– humm... me interromper e me dizer o que fazer não ajudou. Vou tentar ouvir mais!

Não esqueça: ser um bom ouvinte e manter o coração aberto nunca falha!

– e é por isso que eu tô tão chateada!

– nossa, parece horrível...

COMO AJUDAR OS OUTROS

✳ FAÇA QUESTÃO DE VALIDAR O QUE ELES SENTEM

Garanta que as pessoas saibam que o que elas estão sentindo é válido e que não tem problema se sentir assim, qualquer que seja o sentimento.

NÃO BANQUE O SABE-TUDO

Falar o que os outros devem fazer é tipo, a pior coisa do mundo. Se eles quiserem uma dica de como lidar com alguma situação, vão perguntar explicitamente.

SE FAÇA PRESENTE

Valide os sentimentos das pessoas para deixar claro que você está prestando atenção. É uma boa maneira de mostrar que você está ali ouvindo em vez de simplesmente ficar olhando-os com cara de paisagem.

IDENTIFIQUE AS DEIXAS

- não tô a fim de sair!

- tá bom. Vamos fazer alguma outra coisa então.

Preste atenção ao que parece ser divertido, mas também um desafio para essas pessoas. Talvez sair seja estressante demais, então planeje uma noite em casa mesmo. Ou quem sabe até alguma atividade que você saiba que eles gostam. Não custa tentar!

Não suma.
Mande uma foto ou um meme engraçado que te fez lembrar deles. Essas pequenas coisas que mostram como nos importamos ajudam muito!

SE COMUNIQUE

- isso aqui me lembrou você

ESCUTE

Pode até parecer óbvio, mas dedicar um tempo para demonstrar interesse em alguém que está se sentindo vulnerável e meio no fundo do poço é a maior gentileza que podemos fazer.

Ansiedade

Social

COMO FAZER AMIGOS SENDO ADULTO?

Fazer amigos pode ser complicado em qualquer idade — e se abrir também não é nada fácil.

Mas há vários jeitos bacanas para conhecer gente nova.

Fazer um curso nos ajuda a conhecer pessoas e experimentar algo novo com o mesmo nível de habilidade que todo mundo. Eu entrei em aulas de improviso, fiz novos amigos e agora irrito todos eles!

Há centenas de grupos na internet para interesses específicos e atividades na sua área. É um bom jeito de explorar paixões e ainda por cima fazer isso com gente nova!

Amigos virtuais são amigos também! Fiz amizades on-line que duram desde o meu ensino fundamental! Mande uma mensagem para alguém e não deixe a peteca cair. Apenas tome cuidado, ok?

Se você já tem um amigo, peça que ele convide um outro amigo dele para o programa de vocês. Assim, já haverá alguém que você conhece para quebrar o gelo, e assunto não vai faltar.

Se você ainda não estiver pronto para abrir a vida para novas pessoas, tudo bem também.

Às vezes, simplesmente sair para tomar um café, ir à biblioteca ou ver gente já é um grande passo!

O QUE FAZER E O QUE NÃO FAZER COM AS NOVAS AMIZADES

DEMONSTRE interesse pelo que a outra pessoa está dizendo. Caso você perca o fio da meada, apenas repita as últimas palavras que ela disser:

- acho demais que você colete pedras preciosas, mas também achou um portal pra outra dimensão.

- valeu

NÃO entre em assuntos que podem ser desconcertantes ou acabar com a conversa:

- pedras preciosas são meio feias e essa dimensão aqui é a melhor de todas

- Humm então tá bom...

(**FAÇA**) várias perguntas! Isso demonstra interesse na pessoa e deixa claro o interesse em conhecê-la. Além do mais, desse jeito não precisamos falar de nós mesmos!

- Qual é a sua pedra favorita?
- Esse portal é seguro?
- Como você pode ser tão legal?

- Ah bom...

(**NÃO**) ignore completamente o que a pessoa acabou de falar nem a interrompa para falar dos seus próprios problemas.

- Tá bom, tá bom, **MAS AGORA DEIXA EU FALAR DE TUDO O QUE JÁ ACONTECEU COMIGO NA MINHA VIDA INTEIRA**

- ah então tá...

(ENTENDA) que nem sempre estamos em sintonia com todo mundo e que amizades levam tempo para se desenvolver.

– Oi! Vou num evento semana que vem e pensei que seria legal se você fosse comigo.

– claro!

(NÃO) fique se martirizando sem parar caso alguma amizade não dê certo. Pense nisso como um treinamento para quando você conhecer alguém com quem a sintonia seja melhor!

– fica pra próxima!

COMO FAZER PLANOS

(E NÃO FICAR MORRENDO DE MEDO DELES DEPOIS)?

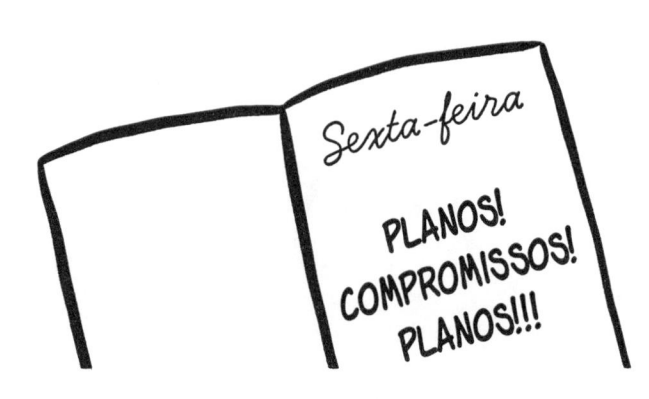

Sexta-feira

PLANOS!
COMPROMISSOS!
PLANOS!!!

– Ah, amei a ideia!
Estarei lá!

– ou talvez eu cancele

– ou talvez eu vá

– ou talvez eu fuja correndo e chorando

– não, nada a ver, eu vou **COM CERTEZA**

– eu acho

Todo mundo já passou por isso. A gente faz planos, mas daí quando chega o dia, a vontade é cancelar tudo e ficar em casa, mesmo que tenhamos passado semanas animados com o evento. Tudo o que sentimos é uma necessidade urgente de **ESCAPAR!**

Pessoalmente, acho que o problema é que, no fim das contas, combinar alguma coisa se torna um compromisso, ou seja, algo que nosso cérebro identifica como uma situação em que "não há escapatória". A gente se sente muito encurralado e então, culpado porque, para começo de conversa, fomos nós que escolhemos dizer que iríamos. A culpa fica ainda pior quando há mais pessoas envolvidas. Isso tudo pode acabar virando uma grande bola de neve.

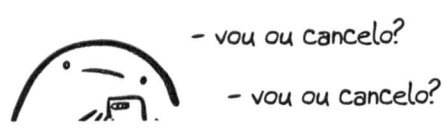

COMO FAZER PLANOS

Então ótimo! Você quer botar a mão na massa e sair um pouco de casa! Aqui vão algumas dicas:

①  Convide, aceite ou simplesmente confirme que você irá.

②  Escreva numa agenda ou inclua no calendário para não esquecer.

③  Mentalmente, coloque o evento numa caixa. Talvez você vá. Talvez não. Isso você pode decidir no dia mesmo. Não esqueça que você sempre pode mudar de ideia.

④   Decida no dia. Saiba que você não é obrigado a nada e, além do mais, use essas estratégias para se reconfortar, viu?

COMO MANTÊ-LOS

No dia do evento, se distraia. Nada de ficar olhando para o relógio o tempo inteiro nem de ficar pensando "ai, faltam só X horas para eu ir embora". Isso é gatilho certo para ansiedade!

em caso de emergência

Tenha uma bolsinha de emergência com seus remédios, comida ou até bugigangas que você ache reconfortante. É como ter um *backup* instantâneo.

EVENTO

Tente ir pelo menos um pouco. Nem todo evento vai ser incrível mas quanto mais você comparecer, mais fácil vai ficar.

- Feliz?
- Ansioso?
- Chateado?
- Até os sentimentos ruins podem ser úteis

Não importa se você ficou ou foi embora, preste atenção às suas reações e use essa análise no futuro. Isso vai te ajudar a entender o que você gostaria de fazer nas próximas vezes!

A vida é cheia de planos.

Às vezes o barco quase afunda,

mas você vai entender como voltar para a rota certa, uma que você goste e na qual se sinta confortável.

COMO FALAR NA FRENTE DE PESSOAS QUE NÃO CONHEÇO?

EU ODEIO FALAR NA FRENTE DE ESTRANHOS

Não importa se estou preparada ou só enrolando (eu sou o tipo de pessoa que já perde as estribeiras quando tem que falar na frente de três pessoas que eu conheço).

E tudo isso porque
EU ODEIO ATENÇÃO.

- Por que vocês estão olhando pra mim?

- Humm... Porque era pra você estar falando?

É como se eu ficasse completamente congelada e esquecesse tudo o que ia dizer. Nessas horas, eu só queria que a terra abrisse e me engolisse.

- Olha, pelo menos tô melhor do que antes.

Contudo, por mais que eu quisesse nunca mais precisar falar com grupos de pessoas de novo, é algo que faz parte da vida e com o qual precisamos lidar. Então aqui vai tudo o que aprendi, tanto com reuniões desastrosas sobre o livro quanto com apresentações de comédias de madrugada (pois é):

– CONHEÇA SEU PÚBLICO

Falar com pessoas que sofrem de ansiedade me fez refletir acerca dos meus próprios medos. Entender nosso público ajuda a ter uma ideia de como nos apresentar. Pense nisso como um desafio de atuação.

– FINJA COSTUME

Seu público vai estar tão confiante quanto você. Uma vez, fiz um curso de *stand-up* para melhorar minhas habilidades de falar em público. Chorei do início ao fim, mas fui sempre pensando que "nada no mundo pode ser pior do que o que está rolando aqui na minha cabeça" e sobrevivi.

– CONTE UMA PIADA

Parece um pouco arriscado, mas mostrar que estamos um pouco nervosos faz com que as pessoas respondam bem, porque é algo que nos revela mais humanos. Mas não faça piadas sobre a audiência, apenas sobre você!

– IGNORE SEU CORPO

Você provavelmente vai se sentir desconfortável de um milhão de jeitos diferentes. Pode estar suando, tonto ou até sentir um pânico crescente, mas o negócio é escolher qualquer outra coisa no ambiente e focar nesse ponto.

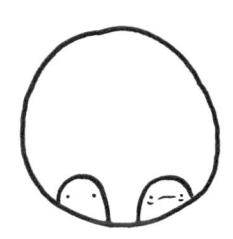

– NINGUÉM SE IMPORTA.

É sério, as pessoas raramente se lembram dessas coisas. Não importa se é uma palestra em aula ou um bando de gente te ouvindo em uma festa.

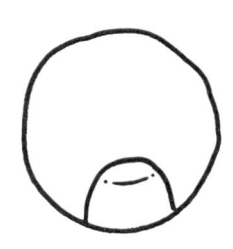

– VOCÊ VAI SOBREVIVER

Vai ser estranho, e a sensação é de que não acaba nunca, mas também de que passou rápido demais. Mas você consegue e vai dar tudo certo!

E SE DER ERRADO?

Tudo bem, erros podem e **VÃO** acontecer.

Nas aulas de comédia *stand-up*, tínhamos que praticar a condução de um show e interagir com a plateia. Eu fui tão mal que, de algum jeito, consegui ofender, tipo, todas os seis espectadores e depois tive que ir chorar no banheiro.

No fim das contas, essas vezes em que nos saímos mal quando falamos em público nos ajudam a melhorar, já que esses erros vão ficar PARA SEMPRE gravados no nosso cérebro e nunca mais vamos cometê-los de novo. Sempre vai ser um saco falhar nesse tipo de coisa, seja atropelando as palavras, esquecendo o que íamos falar ou então acidentalmente rindo do hobby de todo mundo a ponto de seu professor cobrir o rosto e perguntar "por que fazer uma coisa dessas?"
(e mais uma vez... desculpa, Bryan).

Você vai sobreviver, eu prometo!

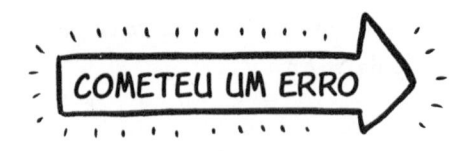

PRÊMIOS PARA QUEM FALA EM PÚBLICO

COMO LIDAR COM UMA CRISE DE PÂNICO EM PÚBLICO?

Se você já teve uma crise de pânico fora de casa, sabe que a sensação é de que todos estão te observando.

A questão é que há grandes chances de que todo mundo a sua volta esteja envolvido demais na própria vida para perceber. É seu cérebro que está deixando tudo pior.

\- Hum... por que você tá agindo assim?

\- Sei lá.

\- Parece até que você tá meio chateada ou algo do tipo.

\- Nossa, sério? Como foi que você percebeu?

E, CASO ALGUÉM PERCEBA, VOCÊ PODE ATÉ ACABAR SE SURPREENDENDO (AS PESSOAS PODEM SER ÓTIMAS DE VEZ EM QUANDO).

\- Oi, você tá legal?

VAMOS NOS ACALMAR

- Se possível ache uma saída.

SAÍDA

- Se não, tente encontrar um lugar calmo e reservado.

3... 4... 5...

- Tente fazer alguma atividade mental como contar até quinze ou lembrar nomes de países.

- Se permita sentir o momento e verifique onde você está.

- Se der, mande uma mensagem rápida para alguém que entende.

NÃO TÔ LEGAL!

- Se nada der certo, procure fotos de bichinhos.

– Ah, que ótimo!
Estou entrando em pânico
e está todo mundo olhando.

– E eles devem
estar pensando "por que
ela está estranha assim?"
e com certeza me acham
estranha, uma perdedora e...

– EU VOU CONTROLAR
MINHA ANSIEDADE, VIU?
JURO QUE VOU.

– Quem
é você?

O quê?

Você é muito mais do que uma crise de pânico. ♡

COMO ACEITAR ELOGIOS?

- Aceita
meu elogio, vai.

- não.

- Vai, aceita aí
meu elogio.

- não.

- ACEITA!
MEU!
ELOGIO!

- Tá doida, minha filha?
De jeito
nenhum.

Ah, os elogios... Uma coisa tão cheia de boas intenções, mas que pode se transformar em um tremendo gatilho para a ansiedade. Alguém simplesmente quer nos dizer que fizemos um bom trabalho, mas tudo o que conseguimos pensar é "nossa, eu não mereço isso de jeito nenhum".

- Bom trabalho!

- Posso dar o fora, por favorzinho?

Isso é o que costuma acontecer quando recebo um elogio de alguém:

1. Choque

2. Uma enxurrada de "obrigada"

3. Vergonha (por algum motivo)

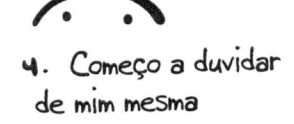

4. Começo a duvidar de mim mesma

AQUI VAI O QUE VOCÊ DEVE FAZER:

– Ah, obrigada.

Viu? Os elogios são para nós, mas também têm um significado para quem os oferece. As pessoas gostam de receber um *obrigado*. E agradecer não quer necessariamente dizer que concordamos. Ao agradecer, você faz a conversa andar e, com sorte, ainda muda de assunto. Todo mundo sai ganhando!

Mas tente examinar o que as pessoas elogiaram. Aceitar não significa que você está se achando, mas sim que você fez algo direitinho. Vale a tentativa! Vai que você se surpreende...

\- Então você
é um elogio?

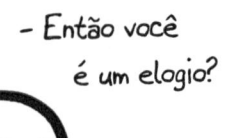

 - Aham.

\- E você é
uma coisa boa?

 - Isso
mesmo!

\- Não conta pra
ninguém que estou aqui
com você.

 - Não vou!

Elogios são bons!

Tudo bem se você não estiver 100% pronto para aceitá-los:

eles são apenas um indicativo de que você está fazendo tudo direitinho.

Mantenha o bom trabalho e tente elogiar outra pessoa também!

Ansiedade

COMO LIDAR COM QUESTÕES DE SEGURANÇA DE UM EVENTO QUE ME DEIXAM MUITO NERVOSA?

LOCAIS COM ESQUEMAS DE SEGURANÇA

Repletos de crianças gritando

Aviões + aeroportos

Seu artista favorito bem aqui

SHOWS

Ilustrações padrão de esportes

ESPORTES

Muita gente

AGLOMERAÇÕES

Não é raro ou esquisito ficar um pouquinho assustado com essas coisas

(tudo bem: muito assustado).

> – Ah, não! E se eu não conseguir passar porque acharam drogas na minha mala, apesar de eu nunca ter usado drogas, e então eu morrer de pânico???

ALGUNS LEMBRETES

- Ir com alguém pode te deixar mais confiante e passar um pouquinho mais de segurança.

Verifique o regulamento do lugar: uma bolsinha pequena e visível quase nunca vai dar problema e ainda ajuda a fazer o procedimento ser bem mais rápido.

Se o detector de metal apitar, deve ser algo quase irrelevante, como seus óculos ou chaves que você esqueceu (ninguém vai te mandar direto para a cadeia).

Nossos pensamentos ansiosos costumam fazer tudo parecer muito pior do que realmente é.

REVISTAS

Pode acontecer de você ser selecionado aleatoriamente para uma revista manual, o que nos leva a ficar ansiosos por várias razões — algumas superpessoais. Mas calma: você consegue lidar com isso.

- Você tem o direito de que ela seja feita por alguém do mesmo gênero que você. Não tenha medo de pedir.

- Se você foi com alguém, veja se essa pessoa pode ficar por perto. Manter contato visual pode te ajudar a se sentir menos sozinho.

- Respirar fundo ajuda.

inspira, expira.

- Assim como lembrar o porquê de você estar passando por isso.

Vou vê-los ao vivo!

Tudo bem se você eventualmente chorar. É uma reação normal, diante de tamanho gatilho para a ansiedade. Algumas pessoas podem entender e ser simpáticas, outra não. Mas você entende. Então seja gentil consigo mesmo, ok?

MINHA ENERGIA CONFORME A NOITE VAI PASSANDO

– Chegando lá

– Esperando na fila

– No evento

– Indo para casa

– Pronto pra dormir

– O sono não vem!

UM PEQUENO MANTRA

Estou aqui.
Eu <u>quero</u> estar aqui.
Não tem problema se eu não fizer
tudo perfeito.

Vou sair e viver a vida.
Tudo bem se eu for pra casa agora,
porque isso não me define
como pessoa.

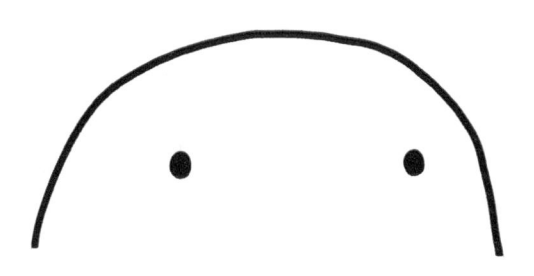

COMO USAR A INTERNET SE FICO ANSIOSA QUANDO A ACESSO?

ESSA É A INTERNET. ÀS VEZES, ELA É SUA MELHOR AMIGA:

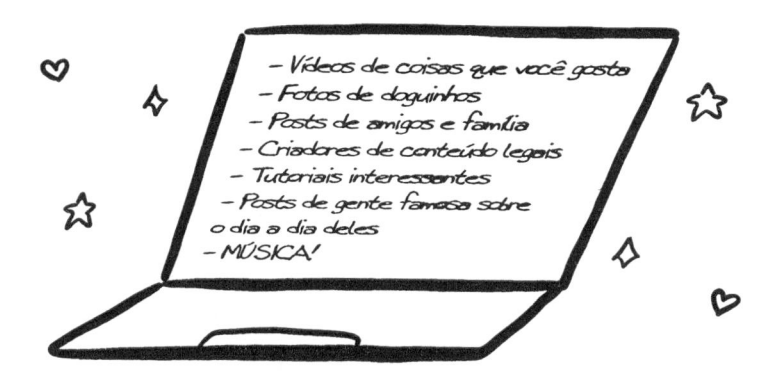

- Vídeos de coisas que você gosta
- Fotos de doguinhos
- Posts de amigos e família
- Criadores de conteúdo legais
- Tutoriais interessantes
- Posts de gente famosa sobre o dia a dia deles
- MÚSICA!

E ÀS VEZES, SUA INIMIGA:

- Gente brigando o tempo inteiro
- Amigos e família brigando
- Famosos brigando
- Situações horríveis no mundo
- Julgamento constante 24/7

E mesmo quando a gente sabe que a internet está nos deixando chateados, tristes ou infelizes, não conseguimos parar de usar. É como se estivéssemos vendo o mundo implodir em tempo real, minuto a minuto.

Já viu alguém sendo cancelado nas redes sociais, e, se você não concorda, vira automaticamente a pior pessoa do universo? Acho que existe um pavor de que, se não formos 100% perfeitos, falarmos tudo certinho o tempo todo e consumirmos conteúdos "perfeitos", não merecemos nada de bom na vida. E isso é aterrorizante. O medo de dizer algo errado sem querer é tão real e me deixa tão ansiosa que já pensei em excluir todas as redes. E olha que é com isso que eu trabalho!

VERGONHA

SOU PÉSSIMA

As pessoas costumam ser assim:

- Se algo te deixa
mal é melhor nunca
mais se meter com isso.

Mas, então, a gente está falando da internet! Não dá para nunca mais usar a internet! Encontrar um equilíbrio entre usá-la e não ficar 100% engatilhado parece impossível. Muitos de nós construímos nossa vida on--line, e a linha que separa a vida on-line do mundo real parece confusa. A questão é a seguinte: é complicado!

CARREGANDO

VIDA 20%

Aqui vai um guia para

sobreviver on-line

OPINIÃO

Às vezes, pode ser tentador compartilhar uma opinião na internet, mas até as melhores intenções podem acabar saindo pela culatra. Isso porque a internet é terrível! Ficar sem compartilhar nossas opiniões de vez em quando pode ser saudável.

Se você ama muito alguma coisa, mas sente medo de ser julgado, tente escrever no papel em vez de postar. Desse jeito, a única opinião que você vai ouvir é a sua — porque esse espaço vai ser seu!

EU ♥ ISSO

DESLOGAR?

E se a internet estiver realmente te tirando do sério, tudo bem dar um tempo das redes sociais para dar uma respirada. E não precisa ser para sempre — às vezes, algumas horinhas sem checar o feed podem fazer muito bem.

Sabe como as pessoas vêm com esse papo furado de "ai, nada de celular trinta minutos antes de dormir"? Pois é, não vai rolar. Mas tente escolher algo legal para olhar em vez do drama constante desse nosso mundão.

Não tenha medo de trancar seu perfil ou de criar contas privadas. Na verdade, pode ser superlibertador controlar quem tem acesso às suas coisas. Você vai se sentir mais confortável em compartilhá-las, e as chances de algum desconhecido te tirar do sério serão bem menores.

Passe um tempinho com pessoas no mundo real.

As pessoas se comunicam de forma diferente quando se encontram, ainda mais quando se trata de confrontos. É muito mais fácil compartilhar o que estamos pensando quando não há um limite de caracteres — além de, por mais surpreendente que pareça, ser uma experiência mais tranquila

E lembre-se:

Você é muito mais do que as suas redes sociais.

Você é uma pessoa!

COMO ACEITAR CRÍTICAS QUANDO JÁ ACHO QUE FAÇO TUDO ERRADO?

– ah, não

O CICLO DA CRÍTICA

Críticas podem ser difíceis e exaustivas. Não porque acho que tudo o que faço é maravilhoso e perfeito, mas porque como sempre penso que nunca faço nada certo, críticas validam esse tipo de pensamento.

– Nossa, eu não presto pra nada mesmo.

O negócio é o seguinte: todo mundo recebe críticas, algumas construtivas (como em ambientes acadêmicos ou profissionais) e outras nem tanto (tipo gente que fica gritando na internet, sabe?). E acaba sendo muito fácil se perder em meio a tantas opiniões e nunca mais querer tentar outra vez.

– na verdade, eu levo tudo para o lado pessoal...

– e então CHORO.

O segredo é perceber se a pessoa que te critica realmente importa. Se a crítica vier de um ambiente profissional há grandes chances de que seja só alguém com a melhor das intenções e que quer te ver crescer e melhorar.

Levei um bom tempo e, tipo, quatro cursos de improvisação para aprender que críticas construtivas devem nos impulsionar e motivar a melhorar, porque ficamos inspirados e empolgados.

Acontece que, às vezes, as pessoas <u>adoram</u> sair criticando todo mundo porque isso lhes dá uma sensação de poder. Vão sempre ter um dedo apontado para alguém por qualquer motivo. Tente nem levar essa gente em consideração, porque elas não se importam com o seu sucesso, apenas com seus erros. Não querem saber o quanto você tentou.

Críticas não deviam vir carregadas de humilhação.

A humilhação não é o melhor catalisador para a melhora! Então se alguém te deixou para baixo, não tem problema parar de levá-lo em consideração.

Outra coisa que devemos considerar é se a crítica foi direcionada a algo que fizemos ou a nós como pessoa. É difícil perceber porque tudo pode acabar soando um tantinho pessoal. Mas há uma grande diferença entre um professor corrigir um trabalho que você fez e um professor dizendo que você e seu trabalho não valem nada. Não esqueça: críticas construtivas devem ajudar e nos encorajar a crescer!

– Vamos melhorar juntos porque você consegue!

Um boa forma de oferecer críticas é seguindo o método do sanduíche. Comece com um elogio, dê uma sugestão de melhora e termine com outro elogio. Eu odeio fazer críticas, mas todo mundo acaba tendo que opinar em algum momento, seja no trabalho, na escola ou em questões pessoais. Seja gentil e as pessoas vão responder com gentileza.

– Gostei da abertura, viu? E se o desenvolvimento fosse organizado de forma que a conclusão fique mais em destaque?

– Obrigado por ajudar!

Críticas são difíceis. Críticas são assustadoras. Mas dá para sobreviver e continuar sendo uma pessoa incrível!

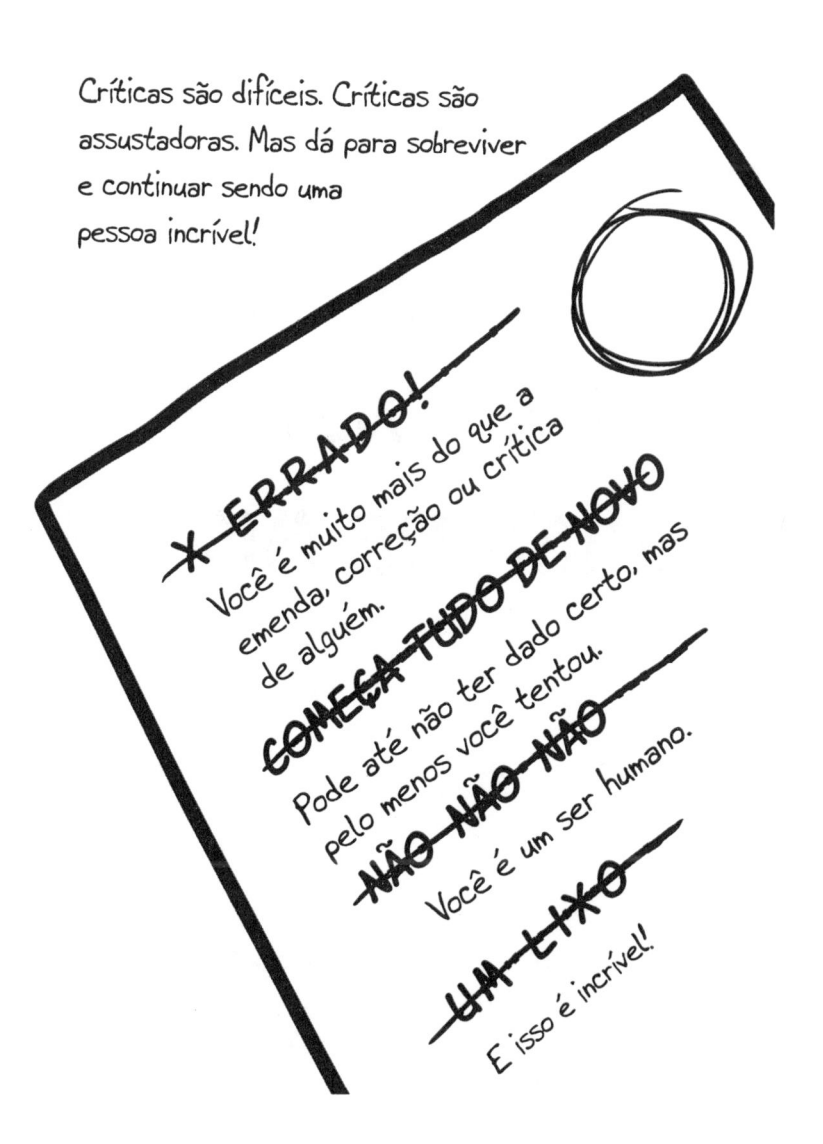

~~X ERRADO!~~
Você é muito mais do que a emenda, correção ou crítica de alguém.

~~COMEÇA TUDO DE NOVO~~
Pode até não ter dado certo, mas pelo menos você tentou.

~~NÃO NÃO NÃO~~
Você é um ser humano.

~~UM LIXO~~
E isso é incrível!

COMO LIDAR COM A SENSAÇÃO DE QUE NINGUÉM PRECISA DE MIM?

Eu sou tudo o que
importa para alguém,
até que, de repente,
não importo mais.

\- Tenho essa necessidade horrível de que todo mundo me ame e goste de mim.

\- O que normalmente significa que as seguintes coisas acontecem.

\- Passo um tempão fazendo coisas pra você.

\- Ou mando mensagem porque lembrei de você.

oiee!!!

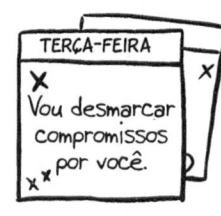

TERÇA-FEIRA

Vou desmarcar compromissos por você.

PARA você

\- e te deixar conhecer meu cantinho no mundo.

E apesar de tudo isso, há essa verdade nua e crua que não me deixa dormir e fica martelando na minha cabeça:

\- Talvez eles não precisem tanto de mim quanto eu preciso deles.

Preciso me sentir 100% amada por todos, senão eu surto. Também preciso de reafirmação o tempo todo ou fico querendo entrar em combustão.

E se esse carinho que demonstro não for imediatamente correspondido da mesma maneira, chego à seguinte conclusão:

TODO MUNDO ME ODEIA

NINGUÉM PRECISA DE MIM

SOU A PIOR PESSOA DO MUNDO

Às vezes, essa preocupação de que ninguém precisa de mim acaba me deixando para baixo e eu me sinto sozinha no mundo.

A não ser que... Talvez eu esteja olhando para as coisas do jeito errado.

Talvez todas essas minhas demonstrações de afeto estejam sendo correspondidas.

Só que de formas diferentes.

Pode ser que as pessoas tenham jeitos diferentes de corresponder, por exemplo: caso você seja daqueles que verbalizam como se sentem, talvez eles demonstrem o mesmo simplesmente se mantendo sempre perto de você.

E isso não é ruim, é só o jeito singular de cada um demonstrar afeto.

Ah, e sabe todas essas coisas que você faz para os outros? Tente fazer para você mesmo!

Faça algo legal para você

Se dê pequenas doses de encorajamento

TERÇA-FEIRA
Separar um tempinho para mim

"estou bem"

E ame seu cantinho no mundo

Pode nem sempre parecer, mas as pessoas precisam de você sim, e você também precisa de si mesmo! Quem não precisaria de alguém tão especial como você?

COMO SUPERAR UMA DERROTA PESSOAL?

Todo mundo já passou por isso.

A gente trabalhou, tentou, deu o sangue,
mas mesmo assim não conseguiu.

Todos já fracassamos.

E cada um de nós ficou **OBCECADO** com a derrota.

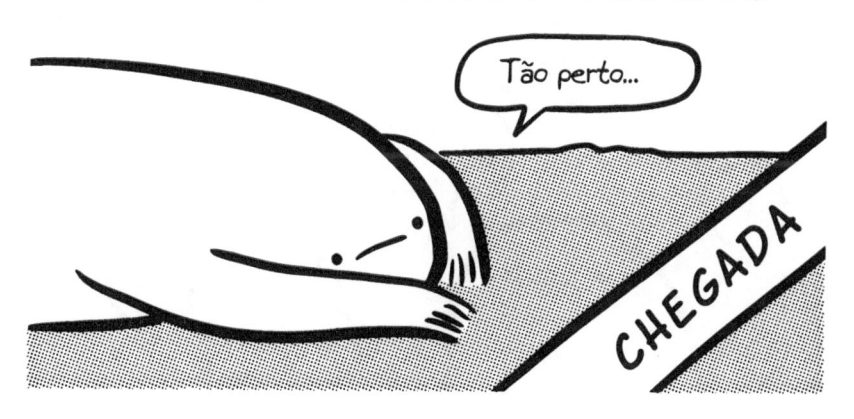

Sempre dizem que fracassar é saudável porque acabamos trabalhando mais etc. Na minha opinião, só fala isso quem sempre consegue tudo. Mas o sucesso pode ser difícil e pode variar de acordo com cada uma das diferentes áreas da vida.

– Esse cara aqui pode ter um montão de amigos, mas ser um desastre profissionalmente.

– E talvez esse camarada aqui tenha uma vida profissional maravilhosa, mas pouquíssimos amigos.

Sou uma derrota!

Não, o derrotado sou eu!

Quem decide que tem que ser bem-sucedido em todas as áreas da vida o tempo todo acaba sofrendo **DEMAIS** quando as coisas dão errado. O pensamento é tipo, "se já fracassei aqui, quem me garante que não vou fracassar em tudo?".

Mas o negócio é o seguinte: a derrota vai chegar. E vai ser um saco. Você vai ficar se cobrando horrores. Aceitar o percalço faz com que seja mais fácil deixar o fracasso para trás. Então, sem mais delongas...

Como superar uma derrota

Você sente que realmente fez tudo o que podia, mas mesmo assim deu errado? Que bom! Se esforçar demonstra que temos compromisso e garra. Pode até parecer que foi tudo em vão, mas esse esforço já é um sucesso por si só. Tentar é incrível pra caramba!

O que estava rolando na sua vida quando as coisas deram errado? Era um momento difícil e você estava se cobrando demais? Caso sim, então pegue mais leve consigo mesmo. Não dá para carregar o mundo inteiro nas costas.

Você também fica naquela de "ai, eu teria feito _____ diferente?" Pois é eu também (inclusive estou pensando assim sobre este livro nesse exato momento!). Tente focar em aplicar essas ideias a futuras empreitadas, já que não dá para chorar sobre o leite derramado. Não tenho como mudar o que coloquei neste livro, mas usei tudo o que aprendi com o primeiro. ☺

O fracasso faz a gente não querer tentar ou dar continuidade às coisas, seja porque já fizemos e deu errado, ou porque, se tentarmos, pode acabar sendo só derrota. Não tem problema sentir esse medo. Você não é um fracasso só porque tem medo de fracassar.

Lembrar que o fracasso pode ser como a extensão de uma montanha pode ajudar: há momentos em que parecemos estar tão lá embaixo que pensamos nunca mais ser possível subir de novo. Mas as coisas mudam. E não estou falando daquele papinho furado de "ai, escolha ser feliz". O mundo muda tanto para o bem quanto para o mal o tempo todo, e não tem problema nenhum querer ficar indo para lá e para cá até que nos sintamos melhor. Às vezes, só seguir o fluxo em vez de tentar mudar cada mínimo detalhe pode ser saudável.

Derrotas acontecem.

Tudo bem não saber tudo.

Você é muito mais do que as
coisas que não deram certo.

COMO CELEBRAR MEU SUCESSO?

Do outro lado do fracasso, tem o lance do sucesso.

E há <u>muito</u> com que se preocupar quando algo dá certo.

Respira fundo, porque você vai ficar bem, viu?

O sucesso pode acarretar as seguintes pressões (que são terríveis):

- E se eu não puder falhar em mais **NADA** de agora em diante?

- E se eu nunca conseguir ser bem-sucedido assim de novo? Aí é meu fim, né?

- E se, no fim das contas, eu consegui mesmo, mas nem usei todo meu potencial, então vou passar o resto da vida correndo atrás da ilusão do sucesso e nunca ficar 100% feliz com nada do que eu faça?

- E SE O QUE EU FIZ NEM FOI TÃO BOM ASSIM E TODO MUNDO MENTIU PARA ME DEIXAR FELIZ?

Mas olha só uma coisa: você fez algo certo, sim! Não precisa sair gritando para o mundo, mas dá para apreciar o que você realizou.

Se reconhecer um grande sucesso for demais, escolha uma pequena parte do que deu certo **E CELEBRE ISSO ENTÃO!**

E, caso você ainda não tenha alcançado alguma grande conquista, se orgulhe dos pequenos sucessos do dia a dia. A forma como tratamos as pessoas, nós mesmos e o mundo é uma pequena vitória que tem um grande significado. Não deixe de levá-la em consideração!

Às vezes, pensar no sucesso e na vida em geral pode ser assustador. Mas também nos ajuda a entender o que realmente importa. Pode ser que a definição que você dá ao sucesso e a forma como decide se lembrar dele mudem com o tempo. Sejam grandes ou pequenos, todos os êxitos, conquistas e sucessos importam, porque são importantes para <u>nós.</u>

A FAZER
+
FEITOS

De vez em quando esse sujeitinho irritante dá as caras:

Esse cara pode ficar falando sem parar de como você é uma farsa, de como não conquistou coisa nenhuma e de como tudo a seu respeito é um horror. Mas quer saber a verdade? **O HORROR É ELE.**

Aqui vai algo para nunca esquecer:

E ele vai começar a entender, porque, no fim das contas, vivendo e aprendendo, nós já <u>somos</u> um sucesso.

O sucesso acontece.

Tudo bem não saber tudo.

Você é muito mais do que as coisas que acontecem na sua vida.

COMO TRABALHAR MINHA AUTOCONFIANÇA?

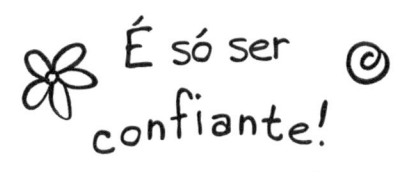

É só ser confiante!

– É só calar a boquinha, porque não é assim que funciona!

É esquisito falar disso porque confiança é algo estranho para mim. Não me sinto segura com **NENHUM** aspecto de mim mesma. Então quando as pessoas dizem "seja confiante!", tudo o que eu quero é me encolher e me esconder porque a sensação é de que fracassei nisso também!

- Vamos lá! É só acreditar em si mesmo!

- até parece Nunca Não

Ser confiante não é algo que acontece magicamente só porque alguém mandou. Leva muito tempo para se sentir assim e ainda mais para que a gente decida se acredita mesmo nisso ou não. Basicamente, não é moleza, não.

- Ah não, vou me ferrar.

PROVA DE AUTOCONFIANÇA

Quando o assunto é autoconfiança, acredito muito que "temos que fingir até virar realidade". Por mais irônico que pareça, meu professor de improviso sempre reclamou que eu tinha zero confiança, mas mesmo assim adorava interpretar personagens. E é isso que significa tentar ser confiante. Você interpreta uma versão de você que simplesmente tem uma autoestima maior do que a habitual.

– Tá bom, eu <u>consigo</u>!

Na verdade, é muito mais fácil do que estou fazendo parecer aqui. É só basicamente entrar de cabeça em algo assustador (como ter que fazer um discurso) e dizer para aquela terrível vozinha interior "você está errada, a gente <u>consegue</u>, sim. Principalmente porque não temos outra escolha, mas também porque <u>conseguimos</u>".

– Então sossega o facho!

← – Vozinha interior terrível.

FORMAS DE SER MAIS AUTOCONFIANTE

- Diga para si mesmo que o simples ato de fazer tudo o que você já faz é um baita ato de confiança.

- Não tem problema ficarmos nervosos: isso só mostra que nos importamos.

- Você vai dar um show, e um show para ficar na história!

- Interaja com as pessoas, estabeleça contato visual e seja educado.

- Reconheça que pior do que está pode ficar **SIM**, então está tudo bem.

- Se parabenize por ter saído da zona de conforto.

PESSOA CONFIANTE EM TREINAMENTO

Você pode até não confiar muito em si mesmo,

mas eu tenho certeza absoluta de que você está tentando e de que você tem muitas qualidades, além de agir como se acreditasse em si mesmo.

Não tem problema ser quietinho, tudo o que você tem de bom fala por si só.

Sentimentos

Difíceis

COMO SABER SE HÁ ALGO DE ERRADO COMIGO?

SERÁ QUE É COISA DA MINHA CABEÇA?

Às vezes, quando um milhão de pequenas coisas dão errado, é difícil dizer se elas têm a capacidade de se transformar em algo muito maior e pior, ou se vão continuar encolhendo aos pouquinhos de uma forma que ainda consigamos lidar.

Além do mais, até pessoas com a saúde mental tinindo podem ficar pensando "será que isso é tão ruim mesmo ou é algo que eu consigo resolver sozinha?

Se a situação te levar a:

Talvez seja hora de falar com alguém a respeito (mesmo que dê medo, porque, no fim das contas, não fazer nada vai ser ainda mais assustador...)

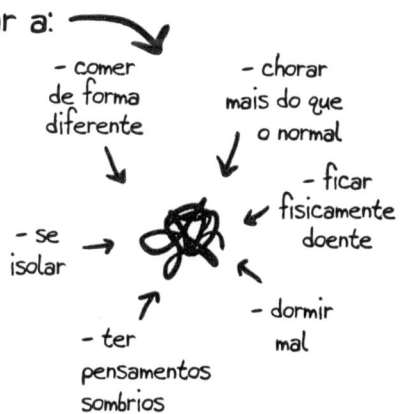

- comer de forma diferente
- chorar mais do que o normal
- ficar fisicamente doente
- se isolar
- dormir mal
- ter pensamentos sombrios

– Às vezes,
a gente
se sente estável

– Tem vezes
em que nos sentimos
no fundo
do poço

– Às vezes, a gente
se recompõe quando
a barra está
pesadíssima

– Outras vezes,
meio fora
do eixo

– E tem horas
que a vontade é
de desistir de tudo

– E tem momentos em
que a gente tenta sem
parar, mesmo quando tudo
ao nosso redor parece
um caos

– Vez ou outra
surpreendemos a nós mesmos

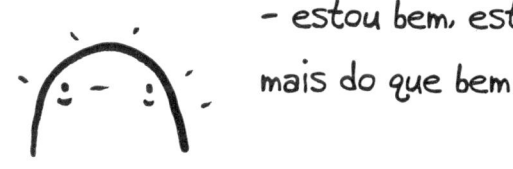

– estou bem, está tudo bem, mais do que bem

– oi, você está bem?

– ESTOU ÓTIMO

Se você passa o tempo todo dizendo a si mesmo que está tudo bem, então as coisas talvez não estejam tão bem assim. É que "bem" deveria ser um estado, não algo pelo qual precisamos mentir dez mil vezes por dia para nós mesmos.

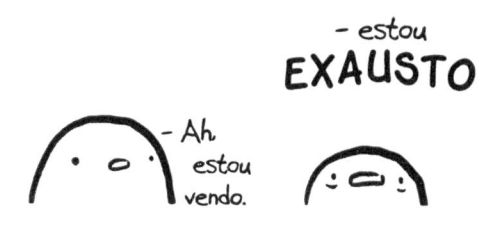

– estou **EXAUSTO**

– Ah, estou vendo.

NÃO AGUENTO MAIS

Todo mundo tem seu limite com as coisas da vida porque a vida afeta a cada um de nós de um jeito diferente. É uma boa saber quais seriam os seus.

- totalmente bem

- chateado

- totalmente mal

Uma importante parte do processo de cuidar de nós mesmos é saber de antemão se estamos ultrapassando nossos limites. Quem passa muito tempo se sentindo mal pode acabar numa crise, o que é assustador.

Tire um tempinho para reconhecer seus limites. Tudo bem não conseguir fazer tudo!

Não é porque nos
sentimos mal e perdidos
que somos ruins
(ou que não podemos
nos encontrar).

COMO LIDAR COM BURACOS NEGROS EMOCIONAIS?

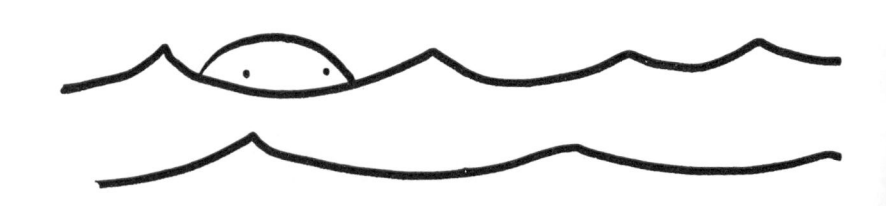

Estou em um buraco negro emocional

– Me encolho

– Espero

– E fico encurralado

– Vai por mim:
EU QUERO SAIR DAQUI

Mas tem gente que acha que eu quero estar aqui.

De divertidos, buracos negros não têm nada. É basicamente quando ficamos só com a cabeça para fora da água enquanto temos que passar pelos piores momentos da vida. É algo que ninguém escolheria.

E, por muitas vezes, qualquer ajuda parece muito longe do nosso alcance.

E aí temos que procurar por terra firme ou continuar boiando sozinhos.

Então, quando as coisas ficam difíceis, parece mesmo que estamos completamente sozinhos, e a sensação é de que há muito a ser feito.

- Finanças.

- Relacionamentos com outras pessoas

- Trabalho/ escola

- Coisas ruins

Às vezes, esmiuçar a situação ruim na qual estamos afundando pode nos ajudar a entender melhor o que precisa ser priorizado.

Por mais difícil que pareça, lidar com cada problema um pouquinho de cada vez <u>vai</u> ajudar a facilitar as coisas.

– Que saco, vamos começar por isso aqui primeiro.

Você consegue, bobo.

Vai rolar uns discursinhos motivacionais.

Você não consegue fazer **NADA**, seu idiota.

E uns pensamentos bem negativos.

A A A A A

E um pouco disso aqui também.

Olha, não é fácil mesmo!

– Por outro lado, reconhecer o buraco negro e tentar virar o jogo? Não é para qualquer um!

– É preciso ter coragem para tentar quando tudo parece sombrio.

– E, embora as coisas não estejam exatamente do modo como você queria,

você vai sair dessa.

COMO NÃO DESMORONAR QUANDO PARECE QUE ESTOU CAINDO AOS PEDAÇOS?

BINGO DA DESGRAÇA

- Chorar o tempo inteiro	- Não sai de casa há séculos	- Perda de interesse	- Experiências extracorpóreas
- Entregando trabalhos com atraso	- Hábitos alimentares esquisitos	- Ataques de pânico constantes	- Muita TV e pouco contato com outras pessoas
- Odiar tudo o tempo todo	- ISOLAMENTO DO MUNDO!!!	- Uma tristeza generalizada e terrível	- Hobbies? kkk até parece
- Ignorar tudo (menos memes, talvez)	- Isso aqui (seja lá o que signifique)	- Dormir o tempo inteiro	- Não conseguir nunca mais dormir!!!

★ – Se você está passando por algum desses sentimentos, MEUS PARABÉNS!! Seja bem-vindo ao Clube do Povo Caindo aos Pedaços!

clube do povo caindo aos pedaços

Um grupo para quem sente que mal está conseguindo segurar as pontas, e também para quem é assim quase o tempo inteiro.

- Ótimo

Você está bem?

TEMOS

- Emoções em excesso
- Insegurança
- Medos eternos

- SENTIMENTOS

Entre agora e ganhe um certificado oficial de "pessoa dando o sangue para não deixar a vida desmoronar"!

Certo, se sentir desse jeito pode ser algo muito difícil de lidar, ainda mais para quem está tentando manter tudo sob controle, todo santo dia.

Não é normal ou saudável a sensação de estar prestes a desmoronar a qualquer segundo. Foi meio normalizada essa questão de termos que nos virar em mil para dar conta das coisas e chamar isso de "ter equilíbrio" ou qualquer besteira assim. Equilíbrio de verdade deveria permitir que as pessoas estivessem em condições de passar pelos desafios do dia, e não sucumbir diante das adversidades.

Então, o segredo de se prevenir para não cair aos pedaços não é fita isolante nem nada que vá dar um jeitinho rápido e nos fazer continuar seguindo a vida toda direto por quaisquer caminhos estressantes em que estejamos. Temos que encontrar uma rota que não nos destrua. É sério!

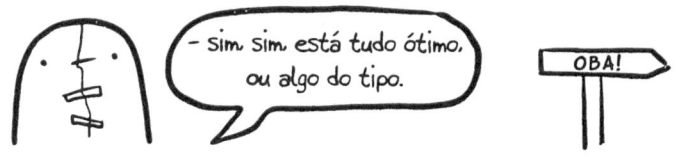

É <u>muito</u> importante que você arranje tempo para si mesmo, porque assim você consegue lidar com tudo o que te estressa. Parece um tremendo clichê, mas quando todas as pecinhas que te compõem estão bem, as peças da vida se unem ao invés de caírem aos pedaços.

(pie chart labels: trabalho, eu, família, escola, vida social, obrigações da casa, amigos)

– ai, que delícia! um tempinho para mim!

– uhuul tenho só cinco segundinhos para mim. Só quero dar uma respirada.

Acho que também há essa ideia de que um tempinho para "nós mesmos" tem que envolver uma rotina toda elaborada de autocuidado cheia de máscaras faciais e longos banhos de banheira. Mas nem todo mundo gosta dessas coisas. Se você fica feliz só de ter alguns minutos para fazer o que quer que seja, já é ótimo! (pessoalmente, eu desabafo tudo no meu diário e ainda colo uns adesivos).

– Pode até parecer que está tudo dando errado.

– Pode até parecer que você não está conseguindo lidar direito com as coisas.

estou tentando

– Mas saiba que você está fazendo o que consegue e que isso devia, com toda certeza, ser reconhecido! Você é uma pessoa maravilhosa!

COMO LIDAR COM A SOLIDÃO?

- Meu Deus do céu, quanta gente. Só quero ficar sozinho, sabe?

Espera aí

De alguma forma estou tão mal quanto antes.

SOLIDÃO

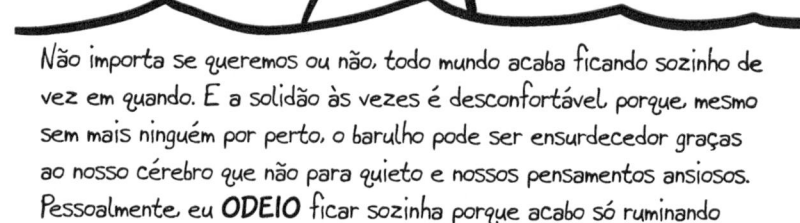

Não importa se queremos ou não, todo mundo acaba ficando sozinho de vez em quando. E a solidão às vezes é desconfortável porque, mesmo sem mais ninguém por perto, o barulho pode ser ensurdecedor graças ao nosso cérebro que não para quieto e nossos pensamentos ansiosos. Pessoalmente, eu **ODEIO** ficar sozinha porque acabo só ruminando tudo e fico superagoniada. Aqui vão as piores coisas que eu faço:

- Ficar pensando no que os outros estão fazendo

- Entrar em pânico por coisas que nem aconteceram ainda

- Surtar por coisas que nunca vão acontecer

- Me preocupar que todos esses momentos estando sozinha vão durar para todo o sempre

Aprender a ficar sem ninguém é uma habilidade como qualquer outra. Requer prática e muito esforço para conseguir passar tempo sozinho sem querer desmoronar.

Para mim é sempre uma luta, mesmo que não tenha sido fácil conseguir um tempinho para mim mesma.

dicas para aquele tempinho só nosso

Embora celulares nos mantenham conectados, ficar olhando as redes sociais pode fazer com que nos sintamos abandonados e solitários. Deixe o telefone de lado e tente viver no presente.

Se você realmente quiser (ou precisar) usar a internet, tente acessá-la com qualquer outro aparelho que não seja o celular. Desse jeito é mais fácil permanecer longe das redes sociais — sem falar que, nesse caso, o fato de as pessoas não te mandarem mensagem não vai ser um problema.

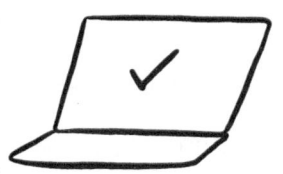

– Saia um pouco por aí. Às vezes, só ficar ao redor de pessoas em geral já faz com que nos sintamos menos isolados. Bibliotecas, lojas ou só ficar na rua mesmo pode aliviar a solidão.

Há algum hábito que você sempre quis tentar ou continuar praticando? Agora é um ótimo momento para explorá-lo! Assim você se mantém ocupado e entretido, e sua mente não vai sair descarrilando por aí. Às vezes se perder num bom livro é tudo que você precisa.

Se ficar sozinho for difícil demais, **PEÇA** ajuda, viu? Conseguir ficar só é uma habilidade que leva tempo para conquistar.

Ficar sozinho deve ser recompensador e energizante, mas nunca tão devastador a ponto de você querer desmoronar.

PEDIR AJUDA FAZ DE MIM ALGUÉM CARENTE? A sensação pode ser essa, mas se você for honesto a respeito de seus sentimentos, a enxurrada de mensagens que você mandar provavelmente vai ser perdoada.

Alguns dias são bem
mais solitários que
outros.

Continue a nadar.
Você vale muito
a pena.

COMO ENCONTRAR BOAS ALTERNATIVAS PARA ENFRENTAR OS PROBLEMAS?

— Queria que tivesse algo que eu pudesse fazer nessa fase ruim

— faz algo de que você goste e que te ajude a lidar com o problema

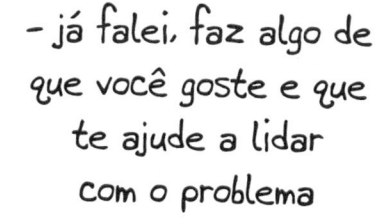

— Tipo, alguma coisa que me ajudasse a me sentir um pouquinho melhor

— já falei, faz algo de que você goste e que te ajude a lidar com o problema

— Qualquer coisa! Juro, qualquer coisa!

— pelo visto ouvir os outros não é algo de que você goste muito, né?

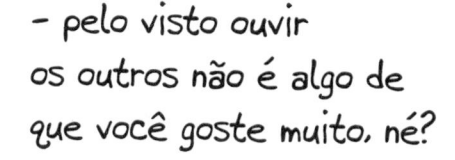

Os mecanismos que usamos para lidar com as coisas são bem pessoais. Por causa disso, pode ser supercomplicado tentar decidir o que funciona para nós. Há **MUITAS** opções por aí, e cada um sabe como se sente a respeito das alternativas. Assim como você.

– A sensação pode ser bem assim.

Sendo bem sincera, o caminho é por tentativa e erro mesmo. Infelizmente, pode ser que haja muita pressão na nossa cabeça se a primeira, segunda, décima ou décima quinta alternativa não derem certo.

– Ah, aquilo lá não funcionou, então? Mas eu achei que...

– Que não tinha como dar errado, é?

O QUE FUNCIONA

Aqui vão algumas coisas das quais gosto bastante

Um jeito ou habilidade que possa nos ajudar a lidar com as coisas deve ser algo que nos acalme um pouquinho, nos transmita segurança e gere alívio da onda de pânico e problemas.

Uma caixinha com coisas de que gostamos e que sejam importantes para nós

INSPIRA EXPIRA — Exercícios de respiração para emergências

Conversar com um amigo (ou pet)

DESLIGAR? — Dar um tempinho dos eletrônicos e das redes sociais

Um banho de chuveiro ou de banheira nos acalma tanto física quanto emocionalmente

1... 2... 3...

Contar também ajuda se estivermos em público

FAXINA — Dar uma organizada na casa pode ser superprodutivo

O QUE NÃO FUNCIONA

algumas coisas que não acho que ajudam muito

Engarrafar os sentimentos até não aguentar mais

Há péssimas formas de lidar com situações ruins, e fazemos muitas delas sem nem perceber. Aqui vão algumas que, talvez, seja uma boa largar de mão ou evitar no futuro.

Usar álcool drogas ou outros entorpecentes

ENTRADA PROIBIDA

Se isolar quando a coisa fica insuportável

Abusar fisicamente do nosso corpo (automutilação, transtornos alimentares etc.)

SACO! NÃO AGUENTO MAIS!!!

Fazer posts misteriosos nas redes sociais sobre nossos problemas só para acabar deletando tudo depois (isso só faz a gente ficar ansioso!)

Todo mundo é diferente na hora de lidar com os problemas.

Leva tempo até você descobrir o que funciona.

Continue a nadar.
Você já chegou superlonge!

Cura

COMO LIDAR COM O LUTO E A PERDA?

Meu mundo

mudou

Eu mudei

E estou
Tão
Tão
Tão
Mal

Durante o processo de escrita deste livro, perdi um membro da família e meu gato. Tem sido difícil e pesado, e vivo sempre em um turbilhão de emoções. Não é fácil especialmente porque os outros normalmente esperam que a gente passe pelo luto de um único jeito:

— (buá) Tô triste

Mas, na real pode ser **MUITO** assim:

— Raiva

— Culpa

— Tudo parece bem

— Choro histérico e descontrolado

— Ficar extremamente irritada com qualquer coisa

— Permanecer em silêncio e isolada

Basicamente qualquer emoção pode fazer parte desse período.

Às vezes, muitos tratam a perda de uma pessoa e a perda de um pet como coisas diferentes. Acho que tudo depende de como as relações eram. No fim das contas, porém, uma perda é uma perda, e tudo machuca.

Perder um pet pode ser **MUITO DOLOROSO**, e não deixe ninguém diminuir seus sentimentos quanto a isso. Nossos bichos são extremamente importantes.

A pior parte disso tudo é também a única coisa que ajuda: o tempo. Todos esses sentimentos terríveis só se aquietam de verdade depois de muitos dias e noites. Seja gentil consigo mesmo, e se dê de presente tempo para se curar. Não há nenhuma data mágica no calendário para que a dor passe. Só existe sua força.

Tem gente que não consegue lidar com a perda logo de cara. Pode ser que a ficha só venha a cair dias, semanas ou até meses depois. E não tem problema, porque o luto não segue uma lógica. Você vai lidar com ele quando estiver pronto.

- Pode haver muita pressão para lidar com a perda imediatamente.

- Não tenha pressa. Se você precisa de mais tempo, é melhor esperar.

Não há certo ou errado quando o assunto é luto e tudo o que vem com ele. Há apenas você e o que precisa ser feito para que consiga superá-lo. Vai ser um inferno assustador de tristeza, e pode ser que você acabe muito machucado, mas vai continuar existindo.

- Será que as coisas vão voltar ao normal? Talvez, mas também não tem problema se houver um novo normal.

Passar pelo luto nem sempre é assim:

Às vezes, vai ser bem desse jeito:

Seja lá como for o seu processo, está tudo bem. Você vai sair dessa, e isso, por si só, já mostra muita força e coragem.

- Esse aqui é você

- sendo incrível!

COMO ME RECUPERAR DEPOIS DE UM PERÍODO DIFÍCIL?

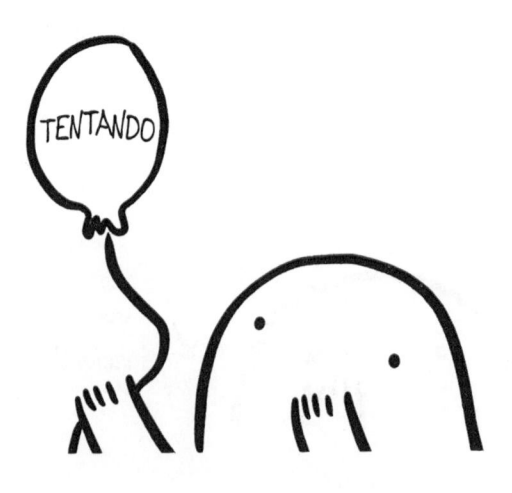

— Estou tentando colocar minha vida de volta nos eixos

— Procurando um caminho para fora desse buraco

— Mas as dificuldades sempre dão um jeito de me prender

Passar por uma fase muito difícil e então se sentir pronto para voltar a se jogar na vida pode ser... assustador. Muita coisa deve ter mudado. Você deve ter mudado também. E isso tudo pode gerar várias preocupações.

- E se todo mundo pensar que tem algo errado comigo?

- E se eu decepcionar os outros?

- E se eu voltar à estaca zero?

- E se eu não der conta de voltar para minha rotina de antes?

Independentemente do que aconteceu, não tem problema que essa fase tenha te afetado — e ainda afete. Uma época difícil é realmente DIFÍCIL. Normalmente, não há um jeito certo ou errado de voltar à ativa. É algo que requer muita coragem, força e determinação.

- Ser corajoso assim é como ser um super-herói da vida real!

Voltar à vida é algo que leva tempo. Tipo, um tempão mesmo. Leva tanto tempo que chega a ser irritante. Tentar se reencaixar na rotina vai parecer tão estranho quanto uma peça de quebra-cabeça no lugar errado. A vontade é de que simplesmente dê certo, mas nunca dá.

Pode ser que você _precise_ pisar no freio e ir com calma. É um saco, eu sei. Mas tente entender do que você precisa hoje, agora, nesse momento. É muito fácil se perder em planos de longo prazo, mas nutrir o aqui e o agora pode ajudar a desenvolver o _sucesso_ a longo prazo. Respira fundo. Você consegue.

É importante que você seja gentil consigo mesmo durante esse período de transição. Você está atravessando o vale entre um evento gigante da vida e a rotina cotidiana. Muita gente fala desse tal de "seja gentil", mas, basicamente, é o seguinte:

- Se permita sofrer um pouco

- Não fique se culpando a cada errinho

- Aceite suas limitações

- Não tente abraçar o mundo inteiro

- Se dê espaço para refletir e processar as coisas

- Dê atenção para as necessidades do seu corpo

Tudo isso é difícil e desafiador.

Tudo bem.

Você está bem.

Voltar à vida leva tempo
e requer esforço.

Mas você vale muito a pena.

Vá em frente, não desista e
conquiste ainda mais do que antes!

Auto

cuidado

COMO ME MANTER OTIMISTA?

tudo é ótimo
e tal?!

Roleta da Positividade

Que tal parar de me dizer essas coisas quando eu estou visivelmente passando por um momento difícil?

Caso já tenha ficado triste antes, você provavelmente deve ter ouvido essa pérola:

- É só ser feliz, ué.
Tipo, pensar
positivo e tal!

Eis um balde de água fria em qualquer noção de positividade. A gente fica é com vontade de atear fogo no mundo inteiro. Porque o mundo representa essa coisa terrível e fora do nosso alcance.

- Eu sou o **MONSTRO DA POSITIVIDADE** e exijo que você se ame e ame todos os aspectos da vida! Cuidado comigo e com o meu poder de só ser positivo o tempo inteiro!

- Ah pronto...

A positividade pode parecer impossível e está tudo bem! Ninguém tem a capacidade de ficar feliz durante cada minuto do dia. Coisas ruins acontecem, e sentimentos podem ser bem traiçoeiros. Não tem problema reconhecer e sentir cada uma dessas emoções.

- Tenta olhar pelo lado positivo!

- Hum... não? Está tudo péssimo, não está vendo?

Também podemos olhar para a positividade não apenas como raios de sol e arco-íris, mas como um sentimento de "pelo menos não está pior do que antes".

- Olha como você é uma boa pessoa por dentro! Ame tudo o que você faz! Escolha ser feliz!

- Pelo menos não estou literalmente destruindo minha vida ainda mais.

Não precisamos ficar nervosos só porque nossas definições de positividade não são como a dos outros. Cada um tem seu jeito de ver o mundo. E isso é superlegal!

sinta-se bem!

PENSE POSITIVO!
FIQUE BEM-HUMORADO!
se anime com o futuro!

???

- olha, agora não vai dar porque tô passando por muita coisa. Tipo, não consigo pensar desse jeito no momento, entendeu?

- E se você der um passinho de cada vez? Ninguém começa a amar tudo e todos da noite para o dia.

- é verdade!

- Pode ser que você esteja feliz com tudo, com algumas coisas ou talvez nem esteja feliz. E tudo bem. É o seu processo. Espero que você encontre algum nível de contentamento que alegre seus dias e te deixe um pouquinho mais completo!

- Valeu! Você também!

COMO DEFENDER AQUILO EM QUE ACREDITO?

— Você é aquilo em que eu acredito!

 ♡ – Oi!

- Você é muito importante pra mim!

 ♡ – Pois é!

- Mal vejo a hora de compartilhar você com o mundo!

– Hum...

INTERNET VS. REALIDADE

É complicado discutir nossas crenças pessoais porque elas são muito íntimas. Acontece que, seja na vida real ou na internet, falar desses assuntos pode gerar respostas e reações bem diferentes...

– Tem gente que é agressiva e cruel na internet, mas calma na vida real.

– E tem quem seja calmo na internet e agressivo na vida real.

– Algumas pessoas são sempre calmas.

– E outras... bom... são sempre daquele jeito.

O que torna tão difícil falar daquilo em que acreditamos é que essas coisas são muito **PESSOAIS**.

E tudo bem, porque isso mostra que nos importamos com nossas crenças. Se importar nunca é algo ruim.

- Me importo muito com isso, mas nem sempre sei como me expressar.

Às vezes é difícil falar daquilo em que acreditamos porque ficamos com medo de que os outros nos diminuam, desprezem, ou, pior ainda, comecem uma discussão.

- Isso aqui é importante pra mim e faz parte da minha identidade.

- CREDO! QUE VERGONHA!

(Infelizmente, isso parece acontecer bastante quando falamos de direitos humanos básicos. Então vale lembrar: direitos humanos são para <u>todos</u>! ♡)

COMO DEFENDER AQUILO EM QUE VOCÊ ACREDITA

 – Se envolva com pessoas que compartilham seus ideais!

– Vá a eventos e faça trabalho voluntário (tem sempre algum movimento precisando de ajuda).

  – Se alguém estiver falando mal sem parar daquilo em que você acredita, fique à vontade para dizer alguma coisa. Na vida real as pessoas são mais receptivas na hora de conversar (o que é até meio surpreendente).

 – Mas **NUNCA** se meta numa discussão se você estiver desconfortável ou em perigo. Você é uma pessoa só e não tem responsabilidade pelo mundo inteiro.

A internet pode ser um ótimo lugar para se conectar, mas não tem problema você querer se afastar se perceber que suas crenças estão sempre sob escrutínio.

Nossos ideais vivem e triunfam em nosso coração, e não na opinião de estranhos.

Você tem sua própria voz!
E ela é única!

Pode até parecer que, às vezes,
ninguém quer ouvir.

Mas você ainda tem o poder de falar,
e isso é incrível!

COMO
ME AMAR?

- que feio, meu Deus

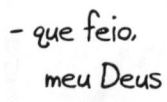

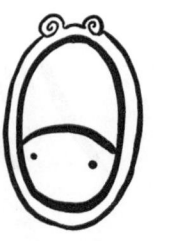

- não tem pra onde correr, meu filho

De várias formas, eu sou tanto a pessoa mais errada possível quanto a mais certa para responder a essa pergunta:

– Errada porque tenho muitos problemas de autoestima e um transtorno alimentar terrível

– E certa porque sei como é difícil viver com isso e me amar

É difícil praticar o "AMOR-PRÓPRIO".

"AMOR-PRÓPRIO" é um jargão que pode causar muita pressão em nós. Pessoalmente, vejo o amor-próprio de duas formas:

A FORMA DA MENTE ← o que entra na nossa cabeça: personalidade, pensamentos, ações, nossos gostos, peculiaridades etc.

A FORMA DO CORPO nossa aparência física (e como o mundo nos vê).

E essas duas formas? **NUNCA** concordam uma com a outra.

MENTE

Todos os seus pensamentos e opiniões fazem de você bom... você mesmo.

E isso é ótimo. Ninguém tem a mente igual, e cada um tem seu próprio turbilhão de pensamentos.

É preciso um pouco de prática para que a gente aprecie nosso belo e selvagem cérebro. Tipo, é um órgão que controla nossa respiração e funções corporais e, ainda assim, arranja um tempinho para formar nossa personalidade, sabe? É incrível demais. Parar e pensar que ele tem muito trabalho a fazer e que nós ainda temos que ser uma pessoa completamente funcional faz com que seja um tiquinho mais fácil. Temos que amar toda a nossa mente e cada coisinha que fica se revirando por lá e, às vezes, dificulta a vida? Não! O negócio é entender que tanto a gente quanto o nosso cérebro estamos dando nosso melhor.

CORPO

Aqui o buraco é mais embaixo, porque, embora não dê para abrir nossa mente e mexer ali, é possível tocar nosso corpo e odiá-lo. Podemos nos agredir e causar um grande estrago. E é muito fácil sentir que somos errados. Além do mais, essa história de se obrigar a ter amor-próprio pode acabar num desastre.

NÃO É FÁCIL!

No momento, estou passando por um transtorno alimentar que gera impacto em todas as áreas da minha vida. É muito difícil querer ser gentil com meu corpo quando comer, por si só, é uma grande batalha.

Estou tentando apreciar a parte mecânica da coisa, tipo o fato de que é o meu corpo que me leva aos lugares e permite que eu faça coisas. Preciso do meu corpo para viver.

Às vezes tento ser gentil com meu corpo mesmo enquanto estou sendo terrível com ele. Atos simples, como escovar os dentes ou experimentar um xampu novo, são jeitos singelos de me sentir conectada comigo mesma quando sinto essa distância.

Você não precisa amar cada centímetro do seu corpo, mas precisa de um corpo para viver. Às vezes, o melhor que conseguimos quando estamos em guerra com nós mesmos é uma trégua.

E está tudo bem. Você está bem.

MEU CORPO É NECESSÁRIO

AMOR-PRÓPRIO É UMA MENTIRA.

Você não precisa se amar incondicionalmente para merecer amor de outras pessoas. Você não precisa estar 100% confortável com a sua própria pele para merecer coisas boas. Todo mundo merece amor, respeito e sucesso na vida. Então não importa como se sente agora, saiba que você merece coisas boas independentemente do que acha de si mesmo.

Você também pode ter a sensação de que passa o tempo inteiro atrás desse tal de amor-próprio, mas nunca consegue encontrá-lo. E tudo bem! Pode ser que aquela sensação de "nossa, cada partezinha de mim é incrível!" nunca chegue, mas talvez reconhecer que há coisas boas em você seja maravilhoso. Não pegue tão pesado consigo mesma se o momento estiver difícil.

Sabe aquele papinho de "não faça isso pelos outros, faça por você"? Então, eu acho que não tem problema querer fazer algumas coisas pelos outros. Se as pessoas ao seu redor te encorajam, motivam e querem te ver feliz e saudável, **VAI FUNDO!** Ainda mais se você está numa fase complicada e tentando melhorar! As pessoas ao nosso redor podem ter uma ótima visão de nós mesmos que nem sempre somos capazes de ter também.

E, às vezes, temos que nos encontrar no decorrer do caminho quando as coisas estão complicadas.

– eu

– meu melhor amigo, Eli, que me ajuda muito com meu transtorno alimentar.

Vai com calma.

Respira fundo.

Você é um só
e não precisa ser
perfeito.

Você é você

E eu

gosto disso

COMO SER GENTIL COMIGO MESMA?

Seja gentil com você mesmo!

- Que?
Até parece
sai pra lá.

SEJA! GENTIL! COM! VOCÊ! MESMO!

- Não!

SEJA SIM!

- Pra quê?

Ser gentil com você mesmo pode ser misterioso, ainda mais quando estamos em guerra com quem somos. É tipo: eu? **EUZINHO AQUI?** Então eu mereço me tratar com gentileza? E tentar demonstrar isso é impossível.

- O que foi? Não, não. Dá o fora!

Acho que uma forma de praticarmos a gentileza com nós mesmos é sendo gentis com os outros. Às vezes, damos mais valor a outras pessoas do que a nós mesmos. E não tem problema, viu? Se ligar nas necessidades e sentimentos dos outros pode nos ajudar a identificar essas mesmas coisas na gente.

Não tem problema cuidar de outras pessoas. E não seria nada mal você cuidar um pouco de si mesmo. Se importar é sempre uma coisa boa, nunca um empecilho! Prometo!

Outra forma de ser gentil com você mesmo é prestar atenção nas necessidades físicas e emocionais do seu corpo. Precisa dormir um pouco ou dar uma boa choradinha? Vá em frente. Sacie essas necessidades.

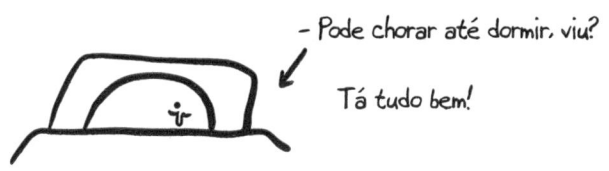

- Pode chorar até dormir, viu?

Tá tudo bem!

Muito da gentileza que devemos ter com nós mesmos parece vir junto com o amor-próprio. É quase como se você tivesse que se amar para merecer gentileza. Mas não é por aí! Pense assim: se uma amiga sua estiver passando por um momento difícil, será que ela mereceria ser tratada feito lixo? Claro que não! Você não precisa se amar, o que precisa é conseguir lidar com as coisas até certo ponto para ser capaz de tocar a vida.

- A gente tá junto nessa!

- Total.

E, apesar de fazer compras impulsivas parecer um jeito de demonstrar gentileza para nós mesmos, há várias formas de fazer isso que não custam dinheiro:

Explore seus sentimentos através de um diário

Encontre uma rotina de sono que funcione pra você

Passe um tempinho dentro ou fora de casa (qualquer opção que te deixe mais confortável)

E se você acabar comprando por impulso, que seja uma plantinha!

É fácil dizer que você vai
ser gentil consigo mesmo.

Difícil é colocar
em prática.

Não desista.
Você consegue!

Mudanças

COMO FAÇO
PARA MUDAR?

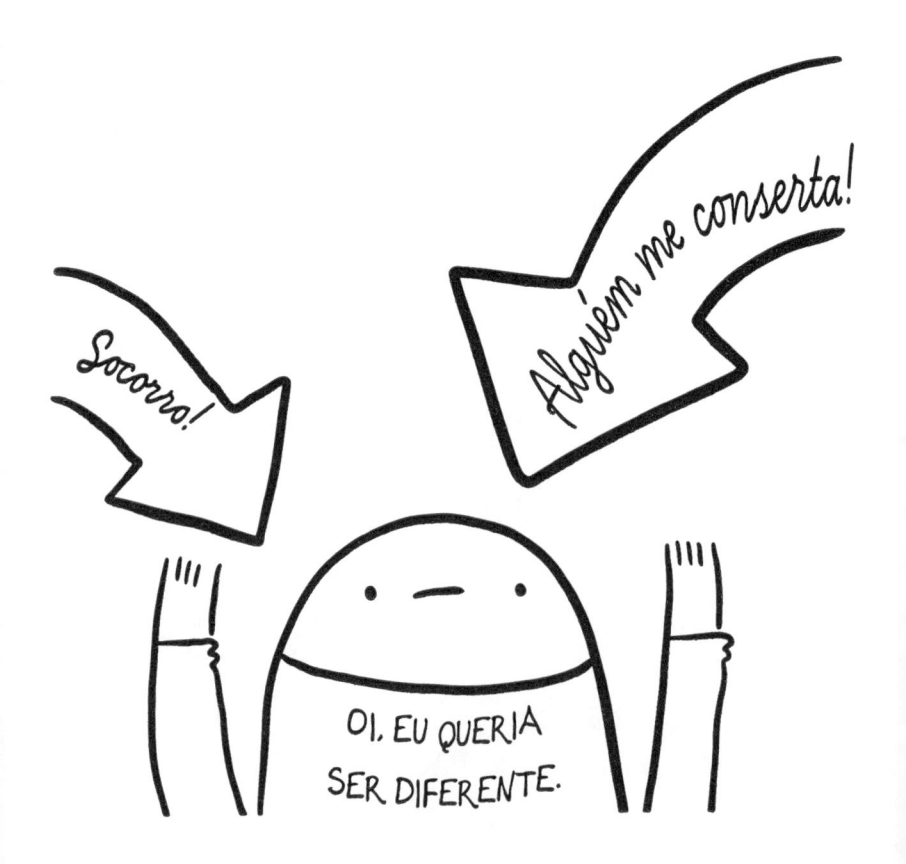

Às vezes, sentimos
que talvez (só talvez)
gostaríamos de mudar.

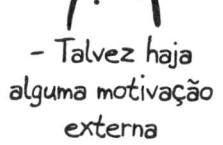

- Talvez haja
alguma motivação
externa

- Talvez a gente
não tenha escolha
senão mudar

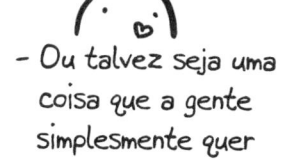

- Ou talvez seja uma
coisa que a gente
simplesmente quer

Mudar não é fácil. É assustador. E pode ser apavorante
decidir que "pois é eu preciso mesmo que as coisas sejam
diferentes", porque, no fim das contas, elas vão acabar
mudando mesmo. Vai ser supercomplicado, muito difícil e
você vai questionar tudo o que fizer. Mas as melhores
mudanças ocorrem quando não estamos prestando a menor
atenção. Elas se misturam à nossa rotina aos poucos,
e a gente só segue vivendo. Vamos dar uma olhada em
algumas estratégias para começar a aceitar em vez de
odiar as novidades da vida. ⟶

O QUE EU QUERO MUDAR?

- ESCOLA/ TRABALHO

Todo mundo sente aquele siricutico de simplesmente dar no pé e começar tudo de novo. É algo 100% natural! Se for algo que você queira de verdade, monte um plano de fuga e um cronograma. Pode ser que fazer isso te ajude a decidir se você realmente quer deixar tudo para trás ou se só precisa reorganizar o que está fazendo e seguir nesse caminho. Avaliar as possibilidades já pode ser de grande ajuda.

- VIDA SOCIAL

Querer fazer novos amigos ou mudar o círculo de amizades é difícil, mas pode ser necessário às vezes. As relações vão esmaecendo aos poucos, mas também podem acabar de uma hora para a outra. Não tem problema avaliar em que pé estão suas amizades. Entenda quem é importante e passe tempo com essas pessoas. Se afaste de quem te drena a energia. Você vai conseguir encontrar seu ritmo.

- APARÊNCIA

Estar em constante guerra com nossa aparência tem tudo para ser superdifícil e nos deixar cheios de sequelas. Não tem problema se você odeia como é e não consegue engolir essa história de amor-próprio. Não se sinta mal por se sentir mal. Talvez seja uma boa falar com alguém sobre esses sentimentos. Lidar com isso sozinho pode ser complicado e podemos acabar nos isolando, o que leva a problemas ainda maiores. Então tente conversar!

TUDO

A vida pode ficar tão pesada e nauseante ao ponto de a gente só querer apertar o botão de reiniciar, rastejar para fora da nossa própria pele e virar uma pessoa completamente diferente da que sempre fomos.

E tudo bem. Isso acontece e é um saco. Não sinta culpa por querer dar o fora da sua vida. Mas saiba que tem muita gente por aí que se sente assim também. A gente conhece e entende essa dor. Não há uma única solução correta para esse problema...

... mas converse com alguém. Conte o que está rolando. É clichê mas também é melhor do que sentar com um nó na garganta e ficar vendo as mesmas coisas se repetirem enquanto a gente só vai piorando. O simples ato de verbalizar o que estamos sentindo pode trazer um grande alívio e te ajudar a aguentar mais um dia.

A vida não devia ser apenas uma sucessão de dias que a gente só aguenta. Você deve se sentir confortável em ser um participante ativo dela. Espero que você chegue lá!

Programar expectativas <u>realistas</u> nos ajuda a fazer com que a mudança seja mais atingível e recompensadora. Cada nova pequena meta alcançada faz com que as grandes conquistas fiquem ainda mais fáceis.

Você vai querer medir o progresso todo dia, é natural. Mas grandes mudanças não acontecem do dia para a noite. Não se estresse se não conseguir ver mudança imediatamente. Você já está fazendo muito.

E se pensar a longo prazo acabar sendo estressante demais, tente pensar no que você pode fazer hoje — e apenas hoje. É uma alternativa diferente.

Fracionar a mudança um pouquinho de cada vez é bem menos estressante. Nunca vai ser 100% tranquilo, mas isso pode ajudar a minimizar a agonia do processo.

Nós podemos crescer e mudar.

E podemos fazer
isso no nosso
próprio ritmo.

Você consegue!

COMO LIDAR COM O MUNDO AO MEU REDOR QUANDO TUDO MUDA?

NÃO É FÁCIL

QUANDO TUDO MUDA

As pessoas falam de mudança como se sempre fosse uma coisa incrivelmente empolgante, mas, sério, eu só fico querendo gritar quase o tempo inteiro porque é algo que **EU ODEIO.**

Está tudo diferente e fora de controle! Como é que alguém poderia gostar disso?!?

Mal consigo dar conta das minhas coisas e AGORA JÁ TÁ TUDO MUDANDO AAAAAAAA!

EXEMPLOS DE MUDANÇAS QUE PODEM SER DIFÍCEIS

- Eventos significativos da vida (casamentos, nascimentos etc.)
- Perdas significativas da vida (divórcio, morte)
- Se mudar de uma casa para outra
- Transições importantes de fases da vida (formaturas)
- Coisas ótimas tipo férias, mas que a gente fica um caco do mesmo jeito porque a **ROTINA MUDA DEMAIS!**

- Conseguir um emprego
- Perder um emprego
- Coisas que ninguém verbaliza, mas que dá para perceber, tipo fazer ou perder amigos
- **RELACIONAMENTOS!!!**
- Aquele sentimento de mudanças em geral

Não importa se a mudança é boa ou ruim. Você tem todo o direito do mundo de se sentir borocoxô, porque essas alterações são uma das partes mais difíceis de ser humano.

VAMOS LIDAR COM O PROBLEMA!

As pessoas sempre ficam com esse papinho de "ai, vamos abraçar as mudanças da vida", mas, olha, isso aí é coisa demais para se pedir a alguém. Então vamos dar um jeito de lidar com a situação.

Estilo de vida

Pode ser muito estressante quando nosso ambiente muda. A gente muda de escola, troca de emprego, se forma ou vai morar em outra casa.

E é **DIFÍCIL** amar o novo lugar. Tente fazer uma listinha e, a cada dia, inclua uma nova coisa que você gosta ali. Isso pode fazer com que se ajustar fique um pouco mais fácil.

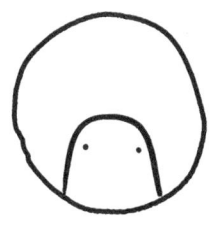

Pessoas

Para mim é sempre difícil lidar com pessoas quando estão se mudando porque fico com a impressão que elas vão decidir que não precisam mais de mim e acabar me abandonando. E se isolar não ajuda em nada. Tente, então, conversar e manter o contato. As pessoas podem até se mudar e ir embora, mas as qualidades incríveis que você tem vão permanecer, ok?

MAIS FORMAS DE LIDAR COM A SITUAÇÃO!

flashback

Há algum período da sua vida que parecia bom e reconfortante? Ouça música ou assista a alguma coisa que você gostava naquela época. Se conectar com momentos positivos do passado vai te ajudar a manter os pés no chão.

futuro

Não tem problema abraçar o que está por vir também. Adicionar pequenas coisinhas à sua vida, como uma planta, uma nova receita ou um novo esmalte pode ajudar a fazer com que viver o momento seja um pouco mais fácil.

aqui e agora

Às vezes é ridiculamente difícil apreciar qualquer coisa que esteja acontecendo quando a vida está um saco. E tudo bem. Só não esqueça de manter contato com aquilo que importa, como amigos, família, pets ou qualquer forma de conteúdo que seja sua obsessão no momento. Essas coisas vão te ajudar a se sentir mais como você mesmo.

vai, pode chorar!

Não tem problema nenhum com as suas lágrimas. Além do mais, elas ajudam a aliviar o estresse acumulado e a ansiedade. E, às vezes, você pode se sentir bem melhor depois de derramá-las. Deixar as emoções fluir pode ser de grande ajuda para sua saúde emocional a longo prazo. Mas se você não conseguir parar de chorar o tempo inteiro, não fique com medo de procurar ajuda para lidar com as mudanças da vida (eu mesma já passei por isso também).

As coisas podem mudar.

As pessoas podem mudar.

E você pode mudar —
ou não.

Você pode ser a pessoa
que quiser.

COMO PARAR DE FOCAR NO PASSADO?

Pare de olhar pra cá!

- Ah não. Você também não...

Mesmo que a gente saiba que vivemos no presente, nossa cabeça não para de querer que vivamos no passado. Talvez as coisas fossem mais fáceis na ocasião — ou talvez tão difíceis que nem conseguimos esquecer.
De qualquer forma, o passado pode ser extremamente invasivo e nos impedir de viver no agora.

E, honestamente, esse tormento constante pode acabar deixando a gente sem a mínima noção do que fazer para seguir em frente. Ficar preso nesse vácuo entre o passado e o futuro é o que nos gera tanta ansiedade.

O passado pode ser muito poderoso quando assume o controle. Logicamente, você sabe que quer seguir em frente, mas simplesmente não dá. Você não está sozinho nessa, e há algumas formas de fugirmos desse tipo de sensação...

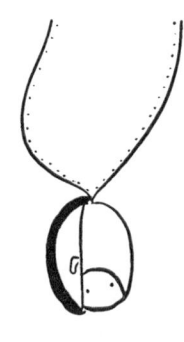

Algumas vezes, olhar para o passado pode ser bom porque assim temos como ver quanta coisa mudou. Estamos em constante mudança, mas nem sempre conseguimos perceber. Analisar o passado de verdade e reconhecer que mudanças (tanto boas quanto ruins) aconteceram faz com que consigamos nos conectar melhor com o aqui e o agora.

Sabe aquelas pessoas que falam coisas tipo "nossa, ainda bem que (uma coisa terrível) aconteceu, porque saí dessa mais forte"? Pois é, eu também odeio esse tipo de pensamento. Saiba que você nunca deveria se sentir pressionado a amar e apreciar tudo o que lhe aconteceu. Sinta-se livre para sentir ódio das coisas ruins — e use o que aprendeu com isso como combustível para seguir em frente. O aprendizado pode ser bom ou ruim, não faz diferença. Só mantenha em mente que você quer que as coisas sejam diferentes.

PASSADO

Nos momentos em que fico tão presa ao passado que chego a me sentir sobrecarregada, gosto de imaginar o que meu eu oposto faria. Tipo: se eu nunca tivesse passado por (x), o que eu faria na situação (y)? Sei que as pessoas mandam a gente não ficar pensando nos "e se" do passado, mas como eu já ia acabar fazendo isso de um jeito ou de outro, por que não ir um pouquinho mais longe?

— Oi, preciso de um conselho

— Claro!

– VOCÊ NÃO MANDA EM MIM!

– Eu literalmente defino todos os motivos pelos quais você faz tudo o que faz todo dia...

– Ah, pois é né...

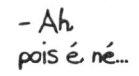

Temos muitas partes em nós, sejam elas passado, presente ou futuro.

Saber de onde viemos nos ajuda a entender para onde vamos.

Não se preocupe com a jornada!
Você vai chegar lá!
Você consegue!

COMO PENSAR NO FUTURO

(SEM CHORAR)?

siga em frente

Sabe quando tudo está desmoronando, mas mesmo assim aparece alguém querendo fazer planos por meses a fio, ou então querendo saber o que você vai querer fazer da sua vida acadêmica/profissional ou amorosa?

— Vamos marcar algo para maio?

— Nem vem que não tem.

Pois é é **uó**.

Infelizmente, muita gente gosta de fazer planos com bastante antecedência e deduz que todo mundo vai seguir a vida de acordo com o cronograma que eles querem manter. E é tão, mas tão difícil lidar com planejamentos constantes quando o simples ato de pensar nos próximos dias já é quase impossível.

TERÇA-FEIRA

Tudo bem reconhecer que o futuro talvez não seja assim tão planejado, incerto ou simplesmente uma desgraça. Somos humanos, e coisas acontecem —especialmente coisas que nos fazem morrer de medo do futuro.

Qualquer pessoa que passe o tempo inteiro empolgada com os próximos anos com certeza já se sentiu assim antes.

Acho que reconhecer essas coisas pode ajudar um pouquinho:

    1 – O futuro é inevitável
    2 – Tudo bem sentir medo
    3 – Não preciso ter a vida inteira resolvida nesse exato momento
    4 – Vou lidar com as coisas um pouquinho de cada vez para não me sobrecarregar
    5 – Sou apenas uma pessoa e não posso fazer mais do que isso

"UM POUQUINHO DE CADA VEZ..."

Vivem repetindo esse jargão para a gente mas o que isso realmente significa?

- Entenda o que pode ser resolvido hoje (e trabalhe apenas nisso).

- E, caso ajude, faça uma lista do que pode ficar para **DEPOIS**.

- Escolha uma coisa que vá fazer o dia de hoje valer a pena. Uma pequena recompensa como ler um livro ou ir a uma loja que você gosta pode ajudar a deixar o dia um pouquinho mais feliz.

- E tudo bem se o dia não tiver sido bom. Amanhã vai rolar um novinho e você pode tentar outra vez. Tente e sinta-se livre. Você consegue!

E NÃO ESQUEÇA: É SÓ UM DIA, NÃO VAI SER ASSIM PARA SEMPRE.

COMO PARECE QUE O FUTURO É:

COMO O FUTURO REALMENTE É:

– Oi, estou aqui só acontecendo, viu?

– Calma aí, então não é mais 2008?

As pessoas sempre querem saber
onde os outros estarão
no futuro...

O que vão fazer,
com quem vão estar...

Já eu... eu quero mais
é ser feliz.

COMO ME MUDAR SEM TRAUMA?

Se mudar é uma grande alteração na vida, mesmo que o novo lugar fique a cinco minutos ou a quatro horas de distância. É uma experiência que tem tudo para ser estressante e exaustiva, e pode nos levar ao limite.

Não importa se é a sua primeira ou quinquagésima mudança, é muito cansativo.

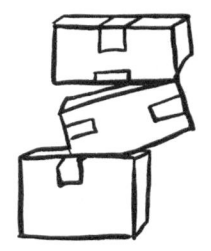

Acho que, no fim das contas, a questão acaba sendo a seguinte: **TUDO MUDOU E ESTÁ DIFERENTE DO QUE EU ESTAVA ACOSTUMADO.** Pode ser muito difícil quando nossa rotina é alterada.

– Onde foi que coloquei aquele treco?

– Na casa antiga eu sabia onde ficava!

– Cadê meu moletom?

– É sério que perdi metade das minhas coisas?

– Não acho nada!

Acontece que, às vezes, nosso coração pode estar sofrendo porque, além de tudo, também sentimos saudades do outro lugar. Casas antigas representam muita coisa: eventos, memórias — boas e ruins — e no fim das contas, são um capítulo inteiro da nossa vida.

Então, embora ser prático na hora de encaixotar e organizar os itens essenciais possa ajudar e ainda aliviar o estresse, reconhecer o peso emocional da situação pode fazer com que tudo fique um pouco menos pior também. Eu me mudei duas vezes em menos de dois anos, e foi difícil me reajustar em cada uma delas. Não é fácil para mim, e sempre parece o fim do mundo!

- Tudo ao meu redor tá diferente.
Será que vou ficar diferente também?
Será que tô pronta pra isso?

Se mudando

Tirar um tempinho para pendurar suas fotos favoritas ou distribuir plantinhas faz com que o novo lugar transmita uma sensação de lar, além de ser um grande passo em direção à aceitação da mudança.

Gosto de imprimir fotos dos lugares onde já morei e da época em que vivi lá. Tenho algumas imagens no celular também. Servem para me lembrar que tudo bem não esquecer.

Pode ser difícil tentar amar tudo a respeito do novo lugar. Dar uma caminhada vai te ajudar a se ajustar, assim como permitir que você encontre novas coisas pelas quais pode se apaixonar. Não vai ser do dia para a noite, mas tudo bem!

RUA NOVA

Também é **MUITO** difícil quando a dinâmica da casa muda — se morava com uma colega e agora vai ficar sozinha, por exemplo. Além de difícil, é uma mudança muito esquisita! Se permita um tempinho para se acostumar, porque não vai ser fácil de início. Já passei por isso e foi suado, viu? O que eu fiz para lidar com a situação foi limpar e organizar a casa, e tentar uns projetinhos de artesanato, **SEMPRE** com a televisão ligada — me ajudava a me sentir menos sozinha.

SOZINHA

Não é de uma hora para a
outra que nos sentimos
em *casa*,

mas você
vai ficar bem!

Você vai se acostumar com a sua casa,
e sua casa vai se acostumar com você.

COMO MOSTRAR AOS OUTROS QUE ESTOU MUDANDO?

– Ah, não, eu não faço mais isso. Eu *mudei!*

– Viu só? Tô todo *diferente* agora!

– Ah, cara, alguém pelo amor de Deus diz que eu mudei! Por favor!!!

Às vezes, quando estamos tentando melhorar, mudar ou seguir um novo caminho na vida, ficamos totalmente desesperados para mostrar aos outros o quanto estamos investidos na mudança. Tipo "olha pra mim! Olha eu aqui sem fazer o que fazia antigamente!".

- Haha, nossa, com certeza eu estou bem melhor agora!

Em meio a essa jornada de mostrar que mudamos, acabamos colocando muita pressão em nós mesmos. Pressão do tipo "nunca mais vou chorar na frente dos outros!". E isso é injusto. Mudar não quer dizer ser perfeito ou nunca mais ficar triste. É mais a respeito da forma <u>como</u> lidamos com essas emoções.

- E se em vez de soluçar de tanto chorar e ficar repetindo que tá bem, você abrisse o jogo sobre o que rolou? Isso já é uma mudança!

Podemos ficar repetindo que mudamos até desmaiar, mas a maioria das pessoas quer <u>ver</u> essa mudança. E isso é complicado, porque não dá para conjurar uma mudança do nada. Leva tempo para conseguirmos demonstrar que algo mudou de verdade.

- Talvez você tente eventos em grupo

- Ou alguém te veja tomando seu remédio

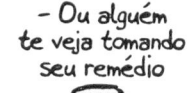

- Ou que você esta praticando hobbies e relaxando

 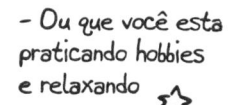

É um saco que a gente precise provar que está mudando. Não devia ser assim. Mas a melhor maneira de demonstrar isso é vivendo a vida. Faça as coisas que te fazem ser você mesmo. Use o que aprendeu para lapidar a vida que você quer. As pessoas vão te alcançar e perceber todo o seu progresso!

- Que orgulho de você!

- Valeu!

E SE NINGUÉM PERCEBER?

Aqui há duas possibilidades:

1 – As pessoas realmente não perceberam.

2 – Elas perceberam, mas não querem dizer ou fazer algo que te deixe desconfortável.

Pode ser difícil quando todo o nosso trabalho passa totalmente despercebido ou não é apreciado. Então, estou dizendo pra você agora: eu percebo! Você está indo muito bem mesmo durante tempos difíceis, e vai continuar assim! E caso tropece, sei que vai encontrar seu caminho de volta (e sei disso porque você é incrível!).

- É superdifícil acreditar em si mesmo, mas eu acredito em você!

Uma coroa pra você

CAMPEÃO DA AUTOMUDANÇA

É legal mostrar para os outros que você está mudando.

Assim como é legal mostrar para si mesmo que você está mudando também.

Continue assim!

AGRADECIMENTOS

Gostaria de agradecer a todo mundo da William Morrow pelo trabalho maravilhoso durante todo o processo de escrita, edição e publicação deste livro. Liate Stehlik, Benjamin Steinberg, Cassie Jones, Susan Kosko, Andrew DiCecco, Pamela Barricklow, Andrea Molitor, Leah Carlson-Stanisic, Jeanne Reina, Andrew Gibeley e Amelia Wood são o melhor time pelo qual eu poderia pedir.

Também gostaria de agradecer tanto a minha editora atual quanto à antiga, Emma Brodie, que me ajudou muito no decorrer dos anos a dar vida aos livros, e a Vedika Khannah, que tem sido inestimável, perspicaz e uma companheira do início ao fim do processo de edição. Estou muito empolgada para o futuro de vocês duas.

Um agradecimento especial a minha agente, Penny Moore, que tem sido uma incrível luz que me guiou através do selvagem processo editorial. Obrigada por acreditar em mim e por tudo de maravilhoso que faz no mundo. Precisamos de mais gente como você.

Um muito obrigada também a Chelsey Heller e Erin Files, dos direitos internacionais.

Também gostaria de agradecer a minha amiga e parceira de escrita/ ilustração Tyler Feder, que se sentou comigo em cafés de toda Chicago, leu meus rascunhos e, com muita generosidade, fez com que eu me sentisse capaz. Tenho muito orgulho de como chegamos longe.

Um muito obrigada a minha terapeuta, Samantha, por me dar a coragem para concluir esse projeto e por me ajudar a aprender que há coisas mais importantes em mim mesma do que o tamanho da minha calça jeans.

Quero agradecer ao meu grupo de improviso por ter me influenciado a pelo menos fingir que sou autoconfiante, mas também por me levar a ser eu mesma. As madrugadas de Chicago sempre vão ocupar um lugar especial no meu coração. Muito obrigada a Kelly, Sompong e Shreay por serem perfeitas.

Um agradecimento mais do que especial ao Eli, que é o melhor amigo que alguém poderia querer e que não teve medo de ver meu eu verdadeiro em Seattle.

Muitíssimo obrigada a minha mãe, ao meu pai e ao meu irmão, por sempre permanecerem do meu lado quando a coisa ficava insustentável e por nunca deixarem de me amar. Um obrigada duplo aos meus gatos Chloe e Sammy, que eu amo de montão.

Por fim, agradeço a todo mundo que já leu meu trabalho, me apoiou e tirou um tempinho para falar comigo sobre as próprias experiências. Não consigo nem expressar em palavras o quanto isso tudo significa para mim. Vocês são uns tesouros.

Este livro foi composto nas tipografias Century Gothic, GFY Brutus,
Otaku, Take Out The Garbage, Walbaum MT Std,
e impresso em papel offset 90g/m², no Sistema Cameron da
Divisão Gráfica da Distribuidora Record.